Antoine Sicotte
Le Cuisinier rebelle

Photographies : elbilia.com
Direction artistique : elbilia.com
Conception visuelle : Albert Elbilia, Antoine Sicotte et Antoine Ross Trempe
Consultant culinaire : Éric Régimbald
1er Assistant Photo : Stéphane Losq
Graphiste : Marylin Deguire
Révision : Rachel Fontaine

Projet sous la direction d'Antoine Ross Trempe

Nous reconnaissons avoir reçu l'aide financière du gouvernement du Canada par l'entremise
du Programme d'aide au développement de l'industrie de l'édition (PADIÉ) pour nos activités
d'édition ainsi que l'aide du gouvernement du Québec - Programme de crédits d'impôts pour
l'édition de livres et Programme d'aide à l'édition et à la promotion - Gestion SODEC.

ISBN 978-2-920943-36-0

Dépôt légal : 2009
Bibliothèque et Archives du Québec
Bibliothèque et Archives Canada.

Le Cuisinier rebelle®
www.lecuisinierrebelle.com

Antoine Sicotte

LE CUISINIER REBELLE

À mes deux petites crevettes d'amour, Lili et Giselle,
à qui j'espère transmettre ma passion pour la bonne bouffe.

LE CUISINIER REBELLE

Antoine Sicotte

Préface de Gilbert Sicotte
Photographies de Albert Elbilia

les éditions
cardinal

Chinatown

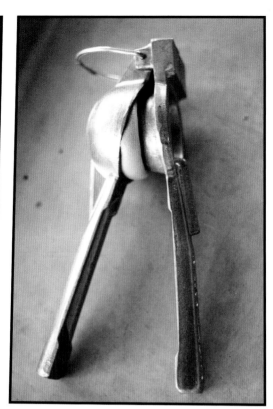

Préface

Petit, je revenais dîner à la maison le midi et, durant le trajet, je me souviens que j'avais hâte de humer le parfum des oignons rôtis qui avaient servi à préparer le pâté chinois fait avec le rôti de boeuf du dimanche avec sa sauce. C'était invitant, rassurant et plein d'amour. Dans ma famille, préparer les repas pour les siens a toujours été d'une importance capitale. Jeune ado, le samedi matin, je traînais un peu au lit en exploration olfactive de ce qui se préparait dans la cuisine parce que, chaque samedi, ma mère cuisinait la pâtisserie pour le week-end et aussi des plats mijotés pour la semaine.

Alors souvent je me plais à penser que, peut-être, mon fils Antoine a lui aussi humé de son lit ma sauce bolognaise, les crêpes stroganoff ou un gâteau marguerite au sucre à la crème. Car je sais que le musicien accompli qu'il est devenu aujourd'hui, et dont je suis fier, aime lui aussi cuisiner pour les siens avec amour et talent - même s'il se dit rebelle...

Gilbert Sicotte

Propos recueillis par Antoine Ross Trempe

LA RENCONTRE

Dès le départ, on a décidé de faire les entrevues chez lui. « Ce sera plus tranquille qu'un café ou un resto », avait-il dit. » La formule, au fond, était simple : une discussion à bâtons rompus, sans autre objectif que de rencontrer le Cuisinier rebelle... J'avais préparé quelques pistes de questions pour le guider, mais rapidement, les mots lui sont venus d'eux-mêmes et se sont imposés avec de plus en plus de vigueur à mesure que les heures avançaient. On sentait qu'il parlait du cœur de ce qui était pour lui une véritable passion. Nous sommes dans son salon. Une pièce intense où dominent les couleurs d'orangé et de rouge où les instruments de musique trônent de manière presque grandiose tout en étant à la fois discrets. Sa voix est claire, son discours est animé par une curiosité qui semble infatigable et par une recherche de la passion à travers les petites et les grandes choses. Antoine Sicotte (alias Le Cuisinier rebelle) m'a tranquillement raconté ce qui, d'étape en étape, l'a mené du studio à la cuisine...

UNE ADOLESCENCE ATYPIQUE

Dès son jeune âge, à l'adolescence, c'est autour de la musique que se sont construites ses amitiés. « J'ai commencé à jouer de la basse parce que, franchement, avec seulement quatre cordes, ça semblait bien moins compliqué que la guitare ! » « À 13 ans, on pratiquait avec mon band à la maison des jeunes du quartier et c'est là que la musique s'est introduite dans ma vie. » Influencé au départ par une musique plus complexe – une musique de « tête » (Rush, Uzeb et Chick Corea) – Antoine se tourne tranquillement vers des influences plus mélodiques et une musique de « ventre » : Lou Reed, le dernier Miles Davis, les Rolling Stones. Cette orientation sera déterminante dans son parcours. « Cette recherche de simplicité et du côté mélodique dans la musique, je l'utilise lorsque je cuisine : j'accorde plus d'importance au choix des ingrédients et à l'authenticité de saveurs qu'à la complexité des préparations. »

« J'ACCORDE PLUS D'IMPORTANCE AU CHOIX DES INGRÉDIENTS ET À L'AUTHENTICITÉ DES SAVEURS QU'À LA COMPLEXITÉ DES PRÉPARATIONS. »

Ne trouvant pas ce qu'il cherche dans le cadre scolaire, Antoine abandonne l'école pour se lancer dans l'école de la vie. La musique continue néanmoins d'être au cœur de son quotidien : toujours en autodidacte, il se met à la guitare et joue avec plusieurs bands et expérimente différents styles musicaux. Après quelques années dans le service et la restauration - ses premières classes dans la découverte des plaisirs gastronomiques - il décide de s'inscrire à l'école Musitechnic et un déclic s'opère : « j'ai appris comment fonctionne la musique de l'intérieur et j'ai trippé! ». C'est aussi à cette école, en 1993, qu'il fait la rencontre de quelqu'un qui deviendra déterminant dans sa vie : James Renald. Il y a entre les deux jeunes hommes une complicité musicale immédiate. Ils commencent aussitôt à écrire des pièces et trouvent un nom pour le groupe : Sky. À propos du nom, Antoine se met à rire : « En fait, on n'a pas vraiment réfléchi longtemps au nom. C'est après avoir vu un graffiti dans une ruelle crasseuse qu'on s'est rendu compte que, graphiquement, le nom avait de la gueule. Et tout de suite, les médias s'en sont emparés. »

L'ASCENSION

Le premier album, autoproduit sous leur label Phat Royal est composé et interprété par les deux membres du groupe et paraît en 1997. Le premier extrait « America » commence à tourner sur les radios québécoises. En 1998, le duo se fait remarquer par EMI Canada et, après un spectacle mémorable devant les directeurs de la maison de production, les deux musisiens signent un important contrat. Le groupe enregistre son deuxième album « Piece of Paradise » à New-York et Toronto. La sortie de cet album en 1999 marque un tournant dans le parcours musical d'Antoine. « C'est le début d'une vraie aventure de rock-star : les hôtels luxueux, les studios à Los Angeles, des collaborateurs exceptionnels... » En 2000, c'est la consécration avec le prix du meilleur nouveau groupe aux Junos.

C'EST LE DÉBUT D'UNE VRAIE AVENTURE DE ROCK-STAR : LES HÔTELS LUXUEUX, LES STUDIOS À LOS ANGELES, PUIS LE PRIX DU MEILLEUR NOUVEAU GROUPE AUX JUNOS >>

Mais c'est aussi durant cette période que James Renald, mal à l'aise devant les caméras, annonce qu'il quitte le groupe. « Ça a été un coup dur, c'était quelqu'un avec qui j'avais une vraie connexion musicale. » La chanteuse Anastasia se joint à Sky en remplacement de James. Le groupe enregistre en août 2000 un nouveau disque, « Travelling Infinity », dont l'extrait « You » atteint le sommet des palmarès au Canada. En 2003, une autre séparation survient : Anastasia part à son tour, remplacée par le montréalais Karl Wolf avec lequel Antoine Sicotte enregistre le troisième album « Picture Perfect ». Mais la popularité s'essouffle un peu et Antoine se sent appelé par d'autres projets.

DU STUDIO À LA CUISINE

La période post-sky reste remplie de musique. La réalisation de plusieurs albums (Gabrielle Destroismaisons, Émilie Bégin notamment), la collaboration avec les gens de Star Académie à la production des albums, la mise sur pied d'un nouveau band rock (Sideways), voilà ce qui occupe professionnellement le Cuisinier rebelle. Sur le plan personnel, Antoine s'installe dans sa nouvelle maison avec femme Joé et apprend qu'elle est enceinte d'une petite fille qui naîtra en 2006 : Lili. Sa deuxième fille, Giselle, naîtra en 2009, au milieu du projet du Cuisinier rebelle.

 POUR LA PREMIÈRE FOIS DANS MA VIE, J'AVAIS ENFIN L'ESPACE POUR TRAVAILLER ET RECEVOIR MES AMIS, MA FAMILLE! »

Pour lui, l'achat d'une maison va aussi être un déclencheur dans son parcours de cuisinier. « Pour la première fois dans ma vie, j'avais enfin l'espace pour travailler et pour recevoir les amis et la famille ! » C'est pendant cette période qu'Antoine décide de consacrer de plus en plus de temps à l'expérimentation et à la réalisation de ses recettes. Autodidacte inspiré et infatigable curieux en cuisine comme il l'est dans sa carrière musicale, Antoine nourrit sa passion de tout ce qu'il trouve : lectures, rencontres, expériences. « Je voulais à la fois revisiter des classiques que j'adore (par exemple le carré d'agneau ou les pâtes à la putanesca), mais toujours en essayant de trouver des alternatives funky ou des façons de présenter les choses dans l'assiette qui sortent de l'ordinaire. » Ces quelques années sont aussi l'occasion de pousser plusieurs autres de ses passions à un autre niveau : les cigares (il aménage lui-même un salon à cigares digne d'un film chez lui), les grands alcools (les calvados et les rhums) et les grands vins (son cellier ferait rougir les plus avertis)...

Animé par le même désir de perfection, de rythme et de mélodie que dans sa carrière, Antoine tente de trouver dans la cuisine un écho à la musique : une façon d'organiser les goûts et les saveurs (au lieu des sons et des rythmes) qui respecte leur nature propre tout en s'adaptant à la personnalité de celui qui les travaille.

« Silence dans le studio ! »

Carpe noctem . . .

Pour lui, la cuisine devient donc, avant toute chose, une occasion de célébrer et de s'entourer des gens qu'il aime. Elle lui permet aussi de prendre conscience que, comme pour n'importe quel événement heureux, l'attente et la préparation comptent souvent plus que la célébration elle-même. Ainsi, le choix des ingrédients au marché, la découverte de gens passionnés qui mettent leur savoir-faire et leur cœur à rassembler des ingrédients de première qualité et l'expectative de créer un moment unique sont des aspects qui, en amont, font de la préparation d'un plat un plaisir en lui-même.

« LA CUISINE C'EST AVANT TOUTE CHOSE UNE OCCASION DE CÉLÉBRER ET DE M'ENTOURER DES GENS QUE J'AIME. »

Plusieurs fois par semaine, sur une période de plusieurs années, le Cuisinier rebelle reçoit ses amis, expérimentant pour ceux qu'il aime des petites merveilles, parfois pour impressionner, parfois simplement pour réconforter. « J'ai des amis qui sont de vrais amateurs de bouffe et qui s'attendent au top mais j'ai aussi des amis qui commencent à peine à découvrir tous ces plaisirs. Lorsque j'ai conçu mes recettes, j'ai toujours essayé de garder en tête ces deux réalités pour que tous l'apprécient ! »

AKA : CUISINIER Rebelle

LE PROJET REBELLE

Au début de l'année 2008, Antoine commence à imaginer le projet du Cuisinier rebelle. Sans perdre de vue l'essentielle simplicité des saveurs et des préparations, il travaille sur l'idée d'un livre différent, à mi-chemin entre un guide, pratique pour les néophytes, et une véritable recherche gastronomique. **« Je ne suis peut-être pas chef, affirme-t-il, mais ce que j'ai appris par moi-même, à travers mes lectures, mes rencontres et mes voyages, c'est possible pour tout de le monde de l'apprendre. »** Grand amateur de livres de cuisine, Antoine souhaite d'abord un livre coloré, chaleureux, bref qui lui ressemble. « Je n'ai jamais aimé les livres pépères. Je veux un livre rempli de bonnes idées, mais aussi un livre que les gens aimeraient feuilleter pour son look. »

Loin d'être homogène, le livre du **Cuisinier rebelle** explore les influences multiples - et parfois chaotiques! - de son auteur. De l'Italie à la Thaïlande, de la Jamaïque au Japon et à la tradition française, toutes les cuisines du monde sont invitées à la même table. Un livre qui se prête à la fois aux recettes de fêtes, mais aussi au tapas de l'apéro, aux desserts et aux en-cas de minuit. On trouvera dans ce livre des plats du matin – pour le déjeuner ou le brunch – des plats pour le midi, des recettes qui se prêtent à la collation ou à la fin de l'après-midi, les plats du soir et, finalement, des suggestions de plats à savourer la nuit. « L'idée, c'était d'exprimer dans ce livre mon côté lumineux et matinal et aussi mon côté plus sombre, plus rock, plus nocturne... »

UNE PROPOSITION D'ACCORD METS-MUSIQUES

Pour chacune des recettes du livre, le Cuisinier rebelle vous propose un album à écouter*, que ce soit pendant la préparation ou la dégustation. Préparez-vous à plonger dans une expérience multi-sensorielle !

(*Tous ces albums sont disponibles sur iTunes ou équivalent.)

«Playlist» Table des matières

Kostas Martzios : An i zoi itan efkoli tha kratage eones
Keren Ann : La biographie de Luka Philipsen
Putu Mayo Kids : Reggae playground
François-Joel Thiollier : Debussy - Clair de lune
Allacher Musikanten : So klingt's in bohmen und oberkrain
Yann Tiersen : Les retrouvailles

Jean Michel Jarre : Oxygène
!Dela dap : Dela paji
Simone Cristicchi : Fabbricante di canzoni
Niraj Chag : Along the dusty road
Daniele Silvestri : Occhi da orientale
Destination lounge Bali
Carmen Consoli : Eva contro eva
Eddie Vedder : "Into the wild" soundtrack
Fabri Fibra : Bugiardo
Aldebert : L'année du singe
M.I.A : Kala
Marcio Faraco : Ciranda
Ojos de brujo : Aocana
Alex Cuba : Agua del pozo

Manu Chao : La radiolina
Monte Negro : cicatrix
Seu Jorge : Cru
Bandabardo : Bondo bondo
Gotan project : La revancha del tango
Faudel, Khaled, Rachid taha : 1.2.3. soleil live a bercy
Giorgio Conte : Il contestorie
De Lucia, D. Meola, McLaughlin : Friday night in san francisco
John William : Memoirs of a geisha
Polo : Bienvenue dans l'univers

Thomas Dutronc : Comme un manouche sans guitare
Coeur de pirate : Coeur de pirate
Dobacaracol : Soley
Jimi Hendrix : Axis ; Bold as love
Indochine : La république des météores
Amadou & Mariam : Welcome to mali
Bombo inferno : Vamos que nos vamos
Daniel Lanois : Shine
Bob Marley : Natty dreads
Beast : Beast
Bebo & Cigala : Lagrimas negras
Miles Davis : Kind of blue
Mala Rodriguez : Lujo iberico
John Coltrane : Giant steps
Melendi : Aun mas curiosa la cara de tu padre
Souad massi : Deb

Flaminio Maphia : Resurrezione
Antoine Gratton : Le problème avec antoine
Sinclair : Supernova superstar

6AM-11AM
Baklavas à la fleur d'oranger 026
Les meilleurs muffins aux bananes du monde 030
Omelette Lili 034
Cylindre saumon et caviar 037
Baluchon Stroganoff 040
Tarte aux fromages perdus 042
Dattes au bacon 045

11AM-4PM
Salade Cousteau 048
Grillettes biquettes 050
Les putains de pâtes 054
Poulet tikka 057
Pizza Tonino 060
Rap thaï rebelle 063
Linguines broco-saucisse 066
Burgers de fou 069
Pennes en colère 070
Saumon verni au gingembre 072
« Jamaican » cône 076
Tour de légumes grillés 079
Pinxo mango-crevettes 080
Havana banana 082

4PM-7PM
Quesadillas de la muerte 086
Asperges Serrano 089
Poulet BBQ à la G 092
Calmars frits avec mayonnaise, coriandre et lime 094
Spag à la grecque 096
Humus et baba 100
Supplì-moi! 102
Polenta à la caponata 106
Ton thon tartare 108
Échine aux chilis 110

7PM-12AM
Profiteroles à la Toblerone 116
Tartiflette d'olga 118
Poisson dans l'cochon 120
Poulet piquant 122
Veau acide citrique 125
Porc à la créole 126
Crapaudine paprika lime 130
Steak de flanc au calvados 132
Homards diaboliques 136
Maki italien 138
Paupiettes des Épicurieux 142
Pâtes noires au bleu 144
Ragoût des champs 147
Carré d'agneau en croûte d'herbes 148
Funky chorizo 151
Tajine du Maghreb aux pruneaux 154
Grelots passe-partout 156
Cannellonis d'aubergine 159
Sorbet jack&coke 161
Tiramisu 163

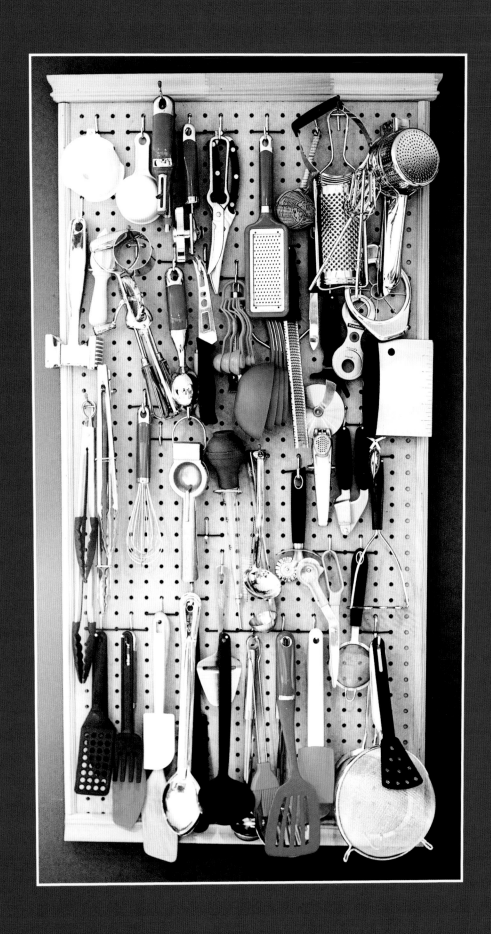

AVERTISSEMENT

LES HEURES MENTIONNÉES DANS LES
SECTIONS DU PRÉSENT DOCUMENT SONT
À TITRE INDICATIF SEULEMENT.
LE JUGEMENT DE CHACUN EST CONSEILLÉ
NOUS PRÉFÉRONS VOUS EN AVERTIR.

6AM / 11AM

BAKLAVAS À LA FLEUR D'ORANGER

LES NOTES POUR 16 PORTIONS

Pour le sirop :
½ tasse (125 ml) de sirop d'érable
Quelques gouttes de jus de citron
1 c. thé (5 ml) d'extrait de fleur d'oranger
Quelques gouttes d'essence d'amande

Pour la garniture des baklavas :
3 tasses (750 ml) de dattes dénoyautées
Le zeste d'une petite orange
Une pincée de cannelle
1/3 tasse (85 ml) de jus d'orange
¾ tasse (190 ml) d'amandes tranchées rôties

Pour la pâte :
1 paquet de pâte phyllo (1 lb ou 454 g)
Beurre fondu

LA MUSIQUE

Préchauffer le four à 350 °F (175 °C).
Pour la garniture : au robot culinaire, réduire en purée homogène les dattes, le zeste d'orange, la cannelle et le jus d'orange. Réserver. Pour les baklavas : avec des ciseaux, couper le paquet de feuilles de pâte phyllo en deux sur la largeur pour obtenir 2 rectangles de 8 x 12 pouces (20 x 30 cm). Sur une plaque à biscuits beurrée, superposer 14 rectangles badigeonnés de beurre fondu. Étendre par-dessus la pâte de dattes et ½ tasse (125 ml) d'amandes. Superposer à nouveau 14 rectangle beurrés et bien beurrer le dessus. Avant de mettre au four, couper les baklavas en 24 parts triangulaires. Mettre au four entre 25 et 30 minutes, jusqu'à ce que les baklavas soient dorés et feuilletés. Entre temps, réchauffer le sirop d'érable au micro-ondes ou sur le feu. Y ajouter le jus de citron, l'extrait de fleur d'oranger et l'essence d'amande. Une fois les baklavas sortis du four, les arroser de sirop chaud et saupoudrer du reste des amandes rôties. Faire refroidir et déguster.

Kostas Mantzios : An i zoi itan efkoli tha kratage eones

J'adore le café ...

Caffè ristretto, Caffè Miniveneziano, Caffè macchiato, Caffè doppio, Caffè latte, Cappuccino, Caffè Amalfi, Caffè macchiato, Caffè corretto, Caffè lungo ...

Café Italia

LES MEILLEURS MUFFINS
AUX BANANES DU MONDE

LES NOTES POUR 12 GROS MUFFINS

¾ tasse (190 ml) de crème sure

1 c. à thé (5 ml) de bicarbonate de soude

½ tasse (125 ml) de beurre

1 tasse (250 ml) de cassonade

2 gros œufs

1 c. à thé (5 ml) de vanille

3 bananes très mûres (noires)

1 c. à thé (5 ml) de poudre à pâte

2 tasses (500 ml) de farine non-blanchie

LA MUSIQUE

Préchauffer le four à 350 °F (175 °C).

Dans un petit bol, mélanger la crème sure et le bicarbonate de soude. Réserver. À l'aide d'un batteur électrique, mélanger le beurre et la cassonade pendant 5 minutes. Ajouter les œufs un à un et la vanille, bien mélanger. Ajouter les bananes écrasées et le mélange de crème sure. Mélanger les ingrédients secs (poudre à pâte et farine) et les ajouter aux ingrédients liquides. Répartir la pâte dans des moules à muffins beurrés et cuire au four de 18 à 20 minutes ou jusqu'à ce qu'un cure-dent inséré dans un muffin en ressorte propre. Faire refroidir sur une grille.

Astuce : pour une variante plus décadente, ajouter à la pâte ¾ tasse (190 ml) de pépites de chocolat (noir ou blanc) avant de la répartir dans les moules à muffins.

Ma blonde prépare ces muffins délicieux pour toutes les occasions. Elle les décore de glaçage coloré et de bonbons divers pour l'halloween, la st-valentin, les fêtes d'enfants, etc., au grand bonheur de notre fille Lili! Mais personnellement, je les préfère chauds, avec beaucoup de beurre

ou même avec du Nutella!

OMELETTE LILI

LES NOTES

3 œufs
1 c. à soupe (15 ml) de crème sure
2 c. à soupe (30 ml) de fromage cheddar (ou autre) râpé
1 échalote tranchée finement
1 tranche de jambon cuit coupée en petits morceaux
¼ tasse (65 ml) de poivron rouge (ou jaune, ou orange) tranché en petits dés
2 champignons coupés en petits dés
Sel et poivre
1 c. à thé (5 ml) de beurre

LA MUSIQUE

Mélanger tous les ingrédients (sauf le beurre) dans un bol et faire cuire dans le beurre à feu moyen 5 minutes de chaque côté.

Astuce : Vous pouvez aussi servir l'omelette accompagnée d'une c. à soupe (15 ml) de salsa (voir recette de salsa à la page 86).

POUR 2 ENFANTS

CYLINDRE SAUMON ET CAVIAR

LES NOTES POUR 4 PORTIONS

4 tranches de pain tranché
½ lb (225 g) de saumon fumé
1 c. à soupe (15 ml) de câpres hachées
1 c. à soupe (15 ml) d'oignon rouge haché
1 c. à soupe (15 ml) de jus de citron
Sel et poivre
½ tasse (125 ml) de crème sure
2 concombres anglais pelés et tranchés finement
1 petite boîte de caviar au choix
Anis frais ou têtes de fenouil (aneth)
2 c. à soupe (30 ml) d'huile d'olive
1 c. à thé (5 ml) de jus de citron

LA MUSIQUE

Accessoire utile : emporte-pièce rond de 6,25 cm de diamètre par 6,25 cm de hauteur.
Faire griller les tranches de pains. Y découper 4 disques avec l'emporte-pièce. Réserver. Hacher finement le saumon fumé. Dans un bol, mélanger le saumon, les câpres, les oignons, le jus de citron. Saler légèrement et poivrer.

Pour assembler les cylindres, déposer l'emporte-pièce au centre de l'assiette de service. Dans l'ordre, y déposer le disque de pain et le recouvrir de crème sure. Étendre un huitième de la préparation au saumon, un étage de concombre et 1 c. à thé (5 ml) de caviar. Répéter un étage de crème sure, de concombre et de saumon. Tasser légèrement le contenu du cylindre en appuyant légèrement sur le dessus de la préparation.

Retirer l'emporte-pièce. Terminer par ½ c. à thé de caviar sur le dessus et un peu d'anis en décoration. Mélanger l'huile d'olive et le jus de citron avec l'anis frais haché. Décorer les assiettes d'un filet de cette huile.

François-Joel Thiollier : Debussy - Clair de lune

... fonctionne en toute saison.

BALUCHON STROGANOFF

| SCIENCE DU PLIAGE DU BALUCHON | 101.1 | FIGURE 1.3 |

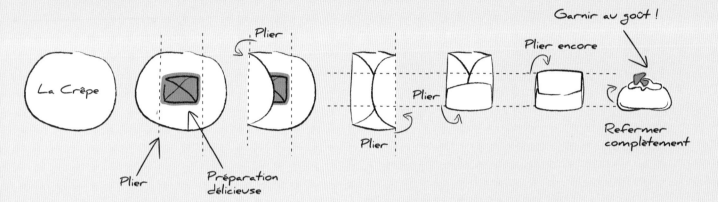

LES NOTES POUR 4 PORTIONS

1 c. à soupe (15 ml) de beurre

3 gros oignons tranchés

1 c. à soupe (15 ml) de sucre

½ tasse (125 ml) d'oignons émincés

1 c. à soupe (15 ml) de beurre

1 tasse (250 ml) de champignons de saison tranchés

1 lb (454 g) de bœuf haché

2 c. à soupe (30 ml) de farine

1 c. à thé (5 ml) de sel

1 c. à thé (5 ml) de poivre

1 c. à thé (5 ml) de paprika

1 boite de 10 oz liq. (296 ml) de crème de champignons

1 tasse (250 ml) de crème sure

8 petites crêpes fines (selon votre recette préférée)

2 c. à soupe (30 ml) de beurre fondu

LA MUSIQUE

Préchauffer le four à 350 °F (175 °C).

Dans une poêle, faire fondre le beurre et y ajouter les oignons tranchés. Quand ceux-ci sont transparents, ajouter le sucre et continuer la cuisson pendant environ 30 minutes à feu moyen-doux, jusqu'à ce que les oignons soient caramélisés.

Dans une autre poêle, faire revenir les oignons émincés et les champignons dans le beurre; ajouter le bœuf haché en défaisant la viande. Mettre la farine, le sel, le poivre et le paprika, et laisser la cuisson se poursuivre jusqu'à ce que la viande soit cuite. Ajouter la crème de champignons (non-diluée) et laisser mijoter pendant 10 minutes. Finalement, ajouter la crème sure et s'assurer de bien mélanger.

Astuce : pour dresser, je dépose une c. à soupe (15 ml) du mélange aux champignons dans une crêpe et je la referme pour former un petit baluchon. Je place les crêpes sur une plaque à cuisson, le côté plié en-dessous pour ne pas qu'elles s'ouvrent. Je les badigeonne de beurre fondu et les fais cuire 15 minutes au four.

Je sers les crêpes accompagnées des oignons caramélisés et de crème sure. Parfaites pour le brunch du dimanche matin !

O2
astuce !

Une façon géniale
de faire apprécier
les champignons
aux enfants !

TARTE AUX FROMAGES PERDUS

LES NOTES POUR 1 TARTE

Un fond de tarte du commerce ou maison non cuite (abaisse de pâte brisée, idéalement)

1 c. à soupe (15 ml) de moutarde de Dijon

2 tomates bien mûres tranchées finement

1 oignon tranché finement

1 gousse d'ail hachée finement

1 tasse (250 ml) de fromage au goût, râpé ou en petits morceaux (je suggère d'utiliser tous les bouts de fromage qui trainent dans le frigo; plus vieux et puants ils sont, le mieux ce sera. Enlevez les bouts verts tout de même…)

Sel et poivre au goût

Herbes de Provence au goût (ou herbes fraîches hachées au goût)

LA MUSIQUE

Préchauffer le four à 350 °F (175 °C).

Badigeonner le fond de tarte avec la moutarde de Dijon. Étaler les tomates et les oignons sur la pâte en alternant. Saupoudrer avec l'ail haché, saler et poivrer. Ajouter les herbes et recouvrir de bouts de fromage. Mettre au four pendant environ 25 minutes, jusqu'à ce que la pâte soit cuite et le fromage doré. Servir avec une bonne salade verte.

Astuce : parfait pour un midi vide-frigo !

Yann Tiersen : Les retrouvailles

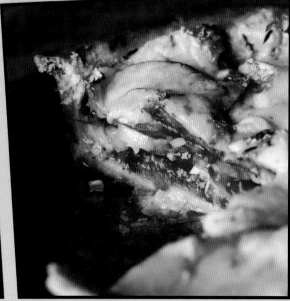

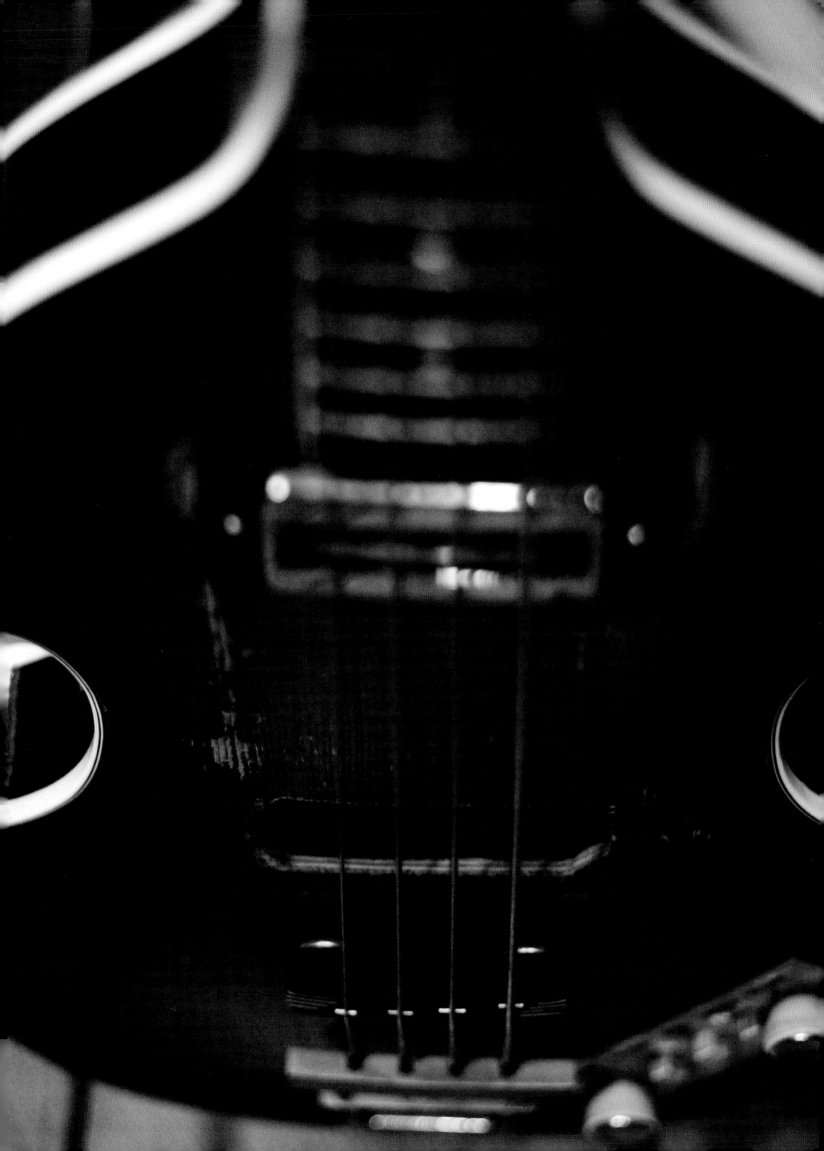

Une petite bouchée cochonne pour le brunch ou encore à l'apéro

DATTES AU BACON

LES NOTES POUR 30 BOUCHÉES

30 dattes dénoyautées
10 tranches de bacon, coupées en 3 sur le sens de la longueur

LA MUSIQUE

Préchauffer le four à 375° F (190°C).
Enrouler un petit morceau de bacon autour de chaque datte et faire tenir à l'aide d'un cure-dent. Cuire les dattes au four pendant 20 minutes, jusqu'à ce que le bacon soit croustillant.

11AM / 4PM

SALADE COUSTEAU

LES NOTES POUR 2 PORTIONS

8 oz (225 g) de pieuvre
1 tasse (250 ml) de lait
5 oz (150 g) d'algues réhydratées (de type « wakamé »)
2 petits concombres libanais coupés en juliennes
1 carotte coupée en juliennes
1 c. à soupe (15 ml) d'huile végétale
1 gousse d'ail hachée finement

Pour la vinaigrette :
30 g de gingembre frais
4 c. à soupe (60 ml) de vinaigre de riz japonais
2 c. à soupe (30 ml) d'huile végétale
2 c. à soupe (30 ml) de sauce japonaise mirin
1 c. à soupe (15 ml) de miel
1 c. à thé (5 ml) d'huile de sésame
1 c. à thé (5 ml) de sel fin

LA MUSIQUE

Faire tremper la pieuvre dans le lait pendant 2 heures. Mettre les algues dans une terrine et les couvrir d'eau. Laisser gonfler 10 minutes. Égoutter les algues et les trancher en fines lamelles. Mélanger les algues, les concombres et la carotte et répartir dans six bols. Égoutter la pieuvre attendrie et la faire griller rapidement à la poêle dans un peu d'huile végétale et d'ail. Pour la vinaigrette : peler le gingembre et le couper en fins bâtonnets. Bien mélanger tous les ingrédients de la vinaigrette dans un bol, avec le gingembre.
Disposer ensuite dans les bols et napper de vinaigrette. Déguster aussitôt.

Jean Michel Jarre : Oxygène

GRILLETTES BIQUETTES

LES NOTES POUR 30 BOUCHÉES

1 aubergine
Le jus d'un citron
½ gousse d'ail écrasée
2 c. à soupe (30 ml) d'huile d'olive
Sel et poivre
1 baguette de pain tranchée mince
Un peu d'huile d'olive
300 g de fromage de chèvre coupé en tranches

LA MUSIQUE

Préchauffer le four à 375 °F (190 °C).
Piquer l'aubergine à la fourchette et la déposer sur une plaque à cuisson. Cuire au four environ une heure ou jusqu'à ce que la chair soit cuite (tendre). Laisser refroidir un peu. Couper l'aubergine sur la longueur et en retirer la chair. Si besoin, égoutter la chair afin d'en retirer le surplus de liquide. Mettre l'aubergine, le jus de citron, l'ail et l'huile d'olive dans le robot culinaire. Réduire en une purée lisse et assaisonner au goût. Entre-temps, faire griller les tranches de pain huilées au four jusqu'à ce qu'elles soient dorées (environ 5 minutes). Étendre 1 c. à thé de purée d'aubergine sur les croûtons. Déposer une tranche de fromage de chèvre sur le dessus. Passer sous le grill dans le four et griller jusqu'à ce que le fromage commence à fondre et à dorer. Attention de garder un œil sur les grillettes, elles brûlent rapidement !

!Dela dap : Dela paji

L'amour inconditionnel de la tomate, fraîche, en boîte, en coulis !

LES PUTAINS DE PÂTES (A₁)

LES NOTES POUR 4 PORTIONS

2 c. à soupe (30 ml) d'huile d'olive
1 piment séché pecorino
2 gousses d'ail émincées
½ tasse (125 ml) d'olives vertes fourrées aux anchois (si possible)
½ tasse (125 ml) d'olives noires tranchées
½ tasse (125 ml) de caprons tranchés
1 c. à soupe (15 ml) de câpres
1 boîte de tomates italiennes (796 ml ou 28 oz liq.)
450 g de spaghetti no. 5

LA MUSIQUE

Dans une poêle, faire chauffer l'huile et mettre l'ail et le piment. Lorsque l'ail est bien doré, ajouter les tomates et les écraser dans la poêle. Réduire à feu moyen-doux. Pendant ce temps, trancher toutes les olives (vertes et noires) de même que les caprons en petites tranches et les ajouter aux tomates. Rincer ensuite les câpres à l'eau et les mettre entières dans la sauce. Laisser réduire pendant environ 30 minutes. Cuire les pâtes dans l'eau salée, égoutter et mélanger à la sauce dans un grand bol préchauffé.

Astuce : pour que ça rocke encore davantage, je saupoudre de parmesan en copeaux et je déguste avec un verre de Brunello !

Simone Cristicchi : "Fabbricante di canzoni"

POULET TIKKA

LES NOTES POUR 6 PORTIONS

1 c. à thé (5 ml) de graines de cumin grillées

1 c. à thé (5 ml) de graines de coriandre grillées

1 tasse (250 ml) de yogourt nature

4 gousses d'ail

1 pouce (2,5 cm) de gingembre haché

3 c. à soupe (45 ml) d'huile végétale

2 c. à soupe (30 ml) de jus de lime

Une pincée de sel

1 clou de girofle

1 c. à thé (5 ml) de garam masala (poudre de cari)

Une pincée de poivre noir

Une pincée de poivre de Cayenne

4 poitrines de poulet coupées en cubes (ou en lanières)

LA MUSIQUE

Au robot, mixer tous les ingrédients sauf le poulet. Une fois les épices bien mélangées, mettre dans un sac de plastique ou un bol et y ajouter le poulet. Faire mariner pendant au moins 4 heures. Préchauffer le barbecue à 400° F (200° C). Une fois le poulet mariné, enfiler les cubes sur les brochettes (de préférence en bois, qui ont trempé au moins 30 min). Faire cuire les brochettes de 9 à 12 minutes.

Astuce : je sers le poulet tikka accompagné de morceaux de mangue que je saupoudre de poivre rose grillé et de jus de lime. Pur régal !

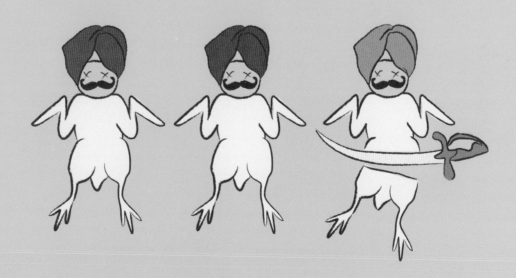

PIZZA TONINO

LES NOTES POUR 1 PIZZA DE 12 PO (30 CM)

Pâte à pizza :
1 sachet de 8 g (11 ml) de levure
Environ 1 tasse d'eau (250 ml)
2½ tasses (625 ml) de farine tout usage
1 c. à thé (5 ml) de sel
1 c. à soupe (15 ml) d'huile d'olive

Sauce :
1 boîte de 796 ml (28 oz) de tomates italiennes entières
2 c. à soupe (30 ml) d'huile d'olive
1 petit piment fort séché (ou une pincée de flocons de piments)
¼ tasse (65 ml) de fromage parmesan râpé
Une pincée d'origan séché
1 c. à thé (5 ml) de graines de fenouil séchées
Une pincée de pâte d'anchois ou un filet d'anchois haché
1 c. à soupe (15 ml) de câpres hachées

Garniture :
Fromage au goût (mozarella, mozarella di buffala, chèvre, provolone, etc.)
Votre combinaison de :
Viande au goût (peperoni, chair à saucisse, prosciutto, capicollo, etc.)
Fruits de mer au choix (crevettes, pétoncles, calmars)
Légumes au choix (cœurs d'artichauts marinés, oignons, épinards, etc)

LA MUSIQUE

Pour faire la pâte : mélanger la levure dans ¾ tasse (190 ml) d'eau tiède. Laisser reposer 10 minutes. Mélanger une tasse de farine, le sel et la levure. Pétrir 5 minutes et laisser reposer, recouvert d'un linge humide pendant 30 minutes. Ajouter le reste de la farine et l'huile d'olive, pétrir de nouveau pendant 5 minutes et laisser reposer, recouvert du linge humide, pendant 1½ heure, à la température de la pièce. Entre temps, préparer la sauce. Dans un tamis, au-dessus d'un bol, égoutter les tomates et couper à même le tamis à l'aide d'un couteau, afin d'en garder uniquement la chair. Déposer les tomates dans un bol, ajouter l'huile d'olive, le piment fort écrasé, le fromage parmesan, l'origan, le fenouil, la pâte d'anchois et les câpres. Bien mélanger et réserver. Pour former les pizzas : préchauffer le four à 450 °F (230 °C). Séparer la pâte à pizza en deux boules. Fariner la surface de travail, et étendre la pâte, à l'aide d'un rouleau à pâte afin de former un cercle d'environ 12 po (30 cm) de diamètre. Étendre la moitié de la sauce tomate sur la pâte et garnir de fromage au goût. Disposer vos garnitures préférées sur le fromage. Cuire au four sur la pierre à pizza préchauffée (ou à défaut sur une plaque) pendant une dizaine de minutes, jusqu'à ce que le fromage soit fondu et la pâte croustillante.

Ráp thaï rebelle

LES NOTES POUR 4 PORTIONS

1 filet de porc, coupé finement en tranche de 0,5 cm

4 tasses (1 l) de bouillon de poulet

Des vermicelles de riz

½ tasse (125 ml) de beurre d'arachide croquant

2 c. à soupe (30 ml) de vinaigre de riz

1 c. à soupe (15 ml) de sauce de poisson (nuoc mam)

4 c. à soupe (60 ml) d'eau

2 c. à soupe (30 ml) de miel

1 c. thé (5 ml) de sambal oelek

Une salade frisée, en feuilles, lavée et déchirée en morceaux d'environ 3 x 3 cm

Quelques feuilles de basilic thaï

LA MUSIQUE

Faire pocher les tranches de porc dans le bouillon de poulet jusqu'à ce qu'elles soient cuites (environ 5 minutes). Réserver. Faire cuire les vermicelles selon le temps recommandé. Réserver. Pour la sauce aux arachide : dans un bol, mélanger le beurre d'arachide, le vinaigre de riz, la sauce de poisson, l'eau, le miel et le sambal oelek. Mélanger jusqu'à ce que la sauce soit homogène. Réserver. *Astuce* : chaque personne monte son plat : on prend un morceau de salade et on y dépose un peu de vermicelle, une tranche de porc, un peu de sauce et une feuille de basilic thaï. On roule légèrement la salade pour former un wrap et on déguste !

«LORSQU'ON PARLE D'AUTHENTICITÉ, LE PLUS SOUVENT MOINS C'EST PLUS!»

LINGUINES BROCO-SAUCISSE

LES NOTES POUR 4 PORTIONS

2 c. à soupe (30 ml) d'huile d'olive
1 gousse d'ail hachée finement
1 piment séché pecorino
1 tasse (250 ml) de bouillon de poulet
1/3 tasse (85 ml) de vin blanc sec
1 noix de beurre
½ brocoli
2 saucisses au fenouil (ou aux herbes)
1 paquet de linguines
Sel et poivre

LA MUSIQUE

Pour la sauce, faire bien cuire le brocoli à la vapeur. Réserver. Dans une poêle, mettre l'huile et la noix de beurre et faire chauffer à feu moyen-élevé. Ajouter l'ail et faire revenir jusqu'à ce que l'ail soit doré. Incorporer le vin blanc et laisser réduire au 2/3. Mettre à feu vif, ajouter le bouillon de poulet et laisser réduire de moitié. Incorporer les brocolis bien cuits. Écraser les brocolis jusqu'à obtenir une purée. Retirer du feu et réserver dans cette poêle. Ouvrir les saucisses et en retirer la chair. Dans une autre poêle, faire revenir la chair à saucisse. Lorsque toute la chair est cuite, l'incorporer au mélange de brocoli accompagnée des sucs de cuisson. Saler au goût et poivrer abondamment. Faire cuire les linguines dans de l'eau bouillante salée. Bien égoutter et mélanger les pâtes à la sauce. Servir dans un bol chaud et poivrer de nouveau.

Miles Davis : "Kind of blue"

BURGERS DE FOU

LES NOTES POUR 4 BURGERS

1 lb (454 g) de viande hachée (mélange de veau, porc, bœuf ou au goût)

1 œuf

1 petit oignon haché

1 gousse d'ail écrasée

Sel, poivre

3 oz (90 g) de pancetta (ou de bacon)

2 oz (60 g) de fromage à la crème

2 oz (60 g) de fromage de chèvre

1 gros oignon tranché

1 paquet de champignons (au choix) tranchés

2 c. à soupe (30 ml) d'huile d'olive

1 avocat tranché

1 tomate tranchée

Moutarde de Dijon

4 muffins anglais (ou pains au choix)

LA MUSIQUE

Pour les boulettes : dans un bol, mélanger la viande hachée, l'œuf, l'oignon, l'ail et assaisonner. Faire 4 boulettes et réserver. Faire cuire la pancetta ou le bacon à la poêle ou au micro-ondes, jusqu'à ce qu'elle soit croustillante. Réserver. Dans un petit bol, mélanger le fromage à la crème et le fromage de chèvre afin d'obtenir un mélange crémeux. Bien poivrer. Dans une poêle, à feu moyen, faire revenir l'oignon tranché dans 1 c. à soupe (15 ml) d'huile d'olive jusqu'à ce que l'oignon commence à dorer légèrement. Ajouter les champignons tranchés et faire cuire jusqu'à ce qu'ils soient dorés. Saler et poivrer. Réserver. Dans la même poêle, faire cuire les boulettes dans 1 c. à soupe d'huile d'olive. Pour monter les burgers : faire griller les muffins au grille-pain. Tartiner une des moitiés avec de la moutarde de Dijon. Y déposer une tranche de pancetta ou de bacon, la boulette de viande, une tranche de tomate, quelques tranches d'avocat, une c. à soupe du mélange de champignons. Tartiner la deuxième moitié du muffin anglais avec le mélange de fromage de chèvre. Déguster !

Eddie Vedder
"Into the wild soundtrack"

CONSTITUE UNE EXCELLENTE SOURCE DE VIANDE !

PENNES EN COLÈRE

LES NOTES POUR 4 PORTIONS

2 c. à soupe (30 ml) d'huile d'olive
3 gousses d'ail hachées
2 piments séchés pecorino
1 c. à thé (5 ml) de sel
1 boîte de tomates italiennes (796 ml ou 28 oz)
500 g de pennes rigate
Quelques feuilles de basilic

LA MUSIQUE

Faire chauffer l'huile d'olive dans une poêle à feu vif. Lorsque l'huile est chaude, baisser le feu à moyen et ajouter les piments et l'ail. Lorsque l'ail est doré, ajouter les tomates. Écraser les tomates au fond de la poêle et baisser le feu à moyen-bas. Laisser mijoter 20 minutes. Ajouter le sel une fois la sauce réduite. Faire cuire les pâtes dans de l'eau bouillante salée selon le temps de cuisson recommandé. Bien égoutter et mélanger avec les pâtes. Servir dans un bol chaud et décorer de feuilles de basilic.

MATHÉMATIQUE DU CUISINIER REBELLE 101.1

Fabri Fibra : "Bugiardo"

SAUMON VERNI AU GINGEMBRE

LES NOTES POUR 4 PORTIONS

¼ tasse (65 ml) de moutarde de Dijon
3 c. à soupe (45 ml) de sauce soya (préférablement pour sushi)
3 c. à soupe (45 ml) de gingembre frais haché
2 c. à soupe (30 ml) de miel
½ c. à thé (2,5 ml) d'huile de sésame
1 c. à soupe (15 ml) d'huile végétale
4 pavés de saumon (250 g chacun)
Graines de sésame rôties (noires)

LA MUSIQUE

Préchauffer le four à 375 °F (190 °C).
Mélanger la moutarde, la sauce soya, le gingembre, le miel, l'huile végétale et l'huile de sésame. Verser la préparation sur les pavés de saumon et faire cuire de 7 à 12 minutes (selon votre four et l'épaisseur de votre poisson) jusqu'à ce que la chair se détache, mais reste tout de même très légèrement crue au centre. Pour le service, saupoudrer des graines de sésame pour décorer. Servir accompagné de bok choys sautés ou de légumes verts au choix.

SERVI AVEC UN BOK CHOY, LE PLAT CONSTITUE UNE BONNE SOURCE DE BOK CHOY !

.... Aldebert : L'année du singe

"JAMAICAN" CÔNE

LES NOTES POUR 6 PORTIONS

Pour la préparation :
3 c. à soupe (45 ml) d'huile végétale
3 poitrines de poulet coupées en petits cubes
1 oignon émincé
2 grosses pommes de terre, coupées en petits dés
2 c. à soupe (30 ml) de poudre de cari
3 carottes râpées
4 tasses (1l) de bouillon de poulet
Sel et poivre
6 pains chapati
Coriandre fraîche hachée

Pour le chutney de mangue :
2 gousses d'ail hachées finement
1 c. à thé (5 ml) d'huile végétale
2 c. à soupe (30 ml) de beurre
1 mangue mûre coupée en lanières
3 c. à soupe (45 ml) de sucre
Le jus d'une lime

LA MUSIQUE

Pour la préparation : dans une casserole profonde, faire dorer le poulet dans l'huile. Y ajouter l'oignon et l'ail et cuire à feu moyen jusqu'à ce que l'oignon soit transparent. Ajouter les pommes de terre, le cari et les carottes. Bien mélanger. Recouvrir de bouillon de poulet. Laisser réduire à feu doux jusqu'à ce que les pommes de terre se défassent à la fourchette et que le bouillon ait épaissi. Assaisonner au goût. Pour le chutney : dans une petite casserole, faire revenir l'ail dans l'huile et le beurre. Ajouter la mangue, le sucre, le jus de lime et laisser réduire une dizaine de minutes à feu doux. Pour servir : former des cônes avec les pains chapati et les retenir à l'aide d'un cure-dent. Les réchauffer au four, à 375 °F (190 °C), pendant 3-4 minutes. Déposer un cône dans chaque assiette. Les remplir de préparation. Servir accompagné de chutney de mangue et décorer de coriandre hachée.

Astruce : accompagnez d'une sauce piquante, de type piri-piri, et dégustez avec une bière très froide comme la Caribe !

A M.I.A. : Kala

TYPE 1

TOUR DE LÉGUMES GRILLÉS

LES NOTES POUR 4 PORTIONS

2 courgettes tranchées finement sur la longueur

1 aubergine coupée en tranches

2 poivrons rouges rôtis

(on peut les rôtir soi-même et enlever la peau ou les acheter préparés, dans l'huile d'olive)

2 c. à soupe (30 ml) d'huile d'olive

1 jaune d'œuf

1 gousse d'ail écrasée

1 c. à soupe (15 ml) de jus citron

Sel et poivre

1/3 tasse (85 ml) d'huile d'olive

1/4 tasse (65 ml) de parmesan râpé

1 c. à thé (5 ml) de pâte d'anchois

1 c. à soupe (15 ml) de câpres hachées

3 oz (90 g) de fromage de chèvre

LA MUSIQUE

Dans une passoire, disposer les tranches d'aubergine et les saupoudrer de sel afin de les faire dégorger. Laisser reposer 30 minutes. Rincer rapidement pour enlever le sel et éponger pour assécher. Dans un grand bol, mélanger les courgettes, l'aubergine et l'huile d'olive, saler et poivrer. Faire griller les légumes au barbecue ou à la poêle, jusqu'à ce qu'ils soient cuits et bien dorés. Réserver. Dans un autre bol, mélanger le jaune d'œuf, l'ail, le jus de citron, le sel et le poivre au goût. Fouetter vigoureusement en ajoutant l'huile d'olive lentement en un mince filet afin d'émulsionner la vinaigrette. Pour faire la tour, utiliser un emporte-pièce rond ou encore un ramequin. Monter la tour en superposant une tranche d'aubergine grillée, une tranche de courgette, une tranche de poivron et un étage de fromage de chèvre. Recouvrir d'une tranche d'aubergine, de courgette et finalement de poivron, et arroser de vinaigrette. Servir en entrée.

Marcio Faraco : ciranda

PINXO MANGO-CREVETTES

Environ 20 crevettes de bonne grosseur décortiquées
1 mangue coupée en tranches fines
Feuilles de salade au choix (de type mesclun)
1 c. à soupe (15 ml) d'huile végétale
2 gousses d'ail, hachées finement
Le jus d'un citron
Quelques pincées de graines de sésame rôties (blanches ou noires) pour la garniture

Vinaigrette :
2 c. à soupe (30 ml) de vinaigre de riz
2 c. à soupe (30 ml) de miel
1 gousse d'ail, écrasée
1 c. à thé (5 ml) de moutarde de Dijon
1 c. à soupe (15 ml) de gingembre frais, râpé
1 c. à soupe (15 ml) d'huile de sésame
6 c. à soupe (90 ml) d'huile végétale

LA MUSIQUE

Faire mariner les crevettes dans l'huile, le jus de citron et l'ail 1 h. Préchauffer le barbecue à 400 °F (200 °C). Mélanger tous les ingrédients de la vinaigrette dans un bol. Griller les crevettes sur le barbecue 5 à 7 minutes en surveillant la cuisson. Pour dresser, mélanger une partie de la vinaigrette avec la salade et disposer dans les assiettes. Déposer quelques crevettes par assiette et quelques tranches de mangue. Arroser d'un filet du reste de la vinaigrette et saupoudrer de graines de sésame.

Astuce : vous pouvez embrocher les crevettes bien droites de la queue à la tête pour obtenir une variante d'un aspect plus funky.

LES NOTES POUR 4 PORTIONS

3 bananes bien mûres
Mélange à tempura du commerce
½ tasse (125 ml) de crème 35%
1 c. à thé (5 ml) de vanille

Pour la sauce
3 oz (90 ml) de rhum brun
¼ de tasse (65 ml) de beurre non salé
¼ de tasse (65 ml) de sucre de canne
2 c. à soupe (30 ml) de crème

Pour la décoration
Quelques raisins secs (ou des abricots)

LA MUSIQUE

Fouetter la crème au batteur jusqu'à ce qu'elle fasse des pointes (3 à 5 minutes). Ajouter la vanille. Réserver au frigo.

Préchauffer la friteuse. Couper les bananes en tranches minces. Tremper toutes les tranches dans le mélange à tempura et faire frire jusqu'à ce qu'elles soient bien dorées. Pendant ce temps, chauffer tous les ingrédients pour la sauce à feu moyen bas en mélangeant constamment, jusqu'à obtenir une consistance onctueuse. Disposer les bananes frites dans une jolie assiette, napper généreusement de sauce et décorer de crème fouettée et de fruits.

QUESADILLAS DE LA MUERTE

LES NOTES POUR 4 PORTIONS

Pour les tortillas :

8 tortillas

1 boîte de fèves rouges égouttées réduites en purée lisse au robot

2 tasses (500 ml) de cheddar râpé

1 avocat tranché finement

8 tranches de jambon

3 c. à soupe (45 ml) d'huile d'olive

½ tasse (125 ml) de crème sure

1 lime

Pour la salsa :

2 grosses tomates fraîches coupées en dés

1 concombre coupé en dés

½ tasse (125 ml) de coriandre fraiche

1 gousse d'ail

1 échalote

1 c. à soupe (15ml) de miel

1 piment jalapeno vert (ou moins, au goût)

1 c. à soupe d'huile d'olive

Sel et poivre

LA MUSIQUE

Pour la salsa, mettre tous les ingrédients au robot culinaire et pulser pour hacher finement sans pourtant mettre en purée.Pour les quesadillas, dans un poêle, faire chauffer 1 c. à soupe (15ml) d'huile d'olive et y déposer une tortilla. Étendre ½ tasse (125 ml) de fromage, deux tranches de jambon et le quart d'un avocat en tranches. Sur une autre tortilla, étendre une couche de purée de fèves rouges et la retourner, purée en dessous, sur la tortilla dans la poêle. Retourner la quesadilla en y ajoutant un peu d'huile en dessous et faire griller de l'autre côté jusqu'à ce que le fromage soit fondu. Servir arrosé de jus de lime, accompagné de salsa et de crème sure.

Manu Chao : "La radiolina"

ASPERGES SERRANO

LES NOTES POUR 4 PORTIONS

2 c. à soupe (30 ml) d'huile d'olive
1 c. à soupe (15 ml) de vinaigre balsamique
Sel au goût
Piment d'Espelette au goût
1 botte d'asperges parées
Environ 20 tranches de jambon serrano (jambon espagnol)
Fromage manchego en copeaux

LA MUSIQUE

Préchauffer le four à 400 ° F (200 °C).
Dans une assiette profonde, mélanger l'huile d'olive, le vinaigre, le sel, le piment d'Espelette et les asperges pour bien les enrober. Enrouler une tranche de jambon autour de chacune des asperges et les disposer sur une plaque à cuisson tapissée de papier parchemin. Arroser d'un filet d'huile d'olive et cuire au four environ 10 minutes ou jusqu'à ce que les asperges soient cuites, mais toujours croquantes. Déposer dans une assiette de service et décorer de copeaux de fromage manchego.

Monte Negro : Cicatrix

POULET BBQ À LA G

LES NOTES POUR 4 PORTIONS

8 hauts de cuisse de poulet désossés et sans peau

Pour la marinade :
½ tasse (125 ml) de sauce soya à sushi
½ tasse (125 ml) de miel
5 ou 6 gousses d'ail pelées, écrasées
3 c. à soupe (45 ml) de sambal oelek

LA MUSIQUE

Combiner les ingrédients de la marinade et faire mariner le poulet pendant 4 heures ou toute la nuit.

Préchauffer le barbecue à 400 °F (200 °C) et déposer les hauts de cuisse sur la grille.
Faire cuire à feu élevé le poulet, le couvercle entrouvert, en surveillant la cuisson (environ 5 minutes). Retourner, badigeonner avec la marinade et continuer la cuisson quelques minutes.

Servir avec un riz basmati et/ou des bok choys sautés.

Sev Jorge : Cru

CALMARS FRITS
AVEC MAYONNAISE CORIANDRE ET LIME

LES NOTES POUR 2 ENTRÉES

Pour la mayonnaise :
½ tasse (125 ml) de mayonnaise
2 c. à soupe (30 ml) de coriandre hachée
Le jus de ½ lime
Une pincée de sambal oelek (au goût)

Pour les calmars :
6 calmars entiers, nettoyés, avec les têtes
1 tasse (250 ml) de lait
3 c. à soupe (45 ml) de semoule de maïs
3 c. à soupe (45 ml) de farine tout usage
1 c. à thé (5 ml) de sel d'ail
1 c. à thé (5 ml) de paprika
1 citron

LA MUSIQUE

Préchauffer la friteuse à 375° F (190° C).
Pour la mayonnaise : dans un bol, mélanger la mayonnaise, la coriandre, le jus de lime et le sambal olek (si désiré).
Réserver au frigo. Trancher les calmars en rondelles d'environ 1 cm de largeur. Faire tremper les calmars dans le
lait pendant une heure, au frigo. Bien égoutter les calmars et les assécher à l'aide d'un papier essuie-tout. Dans un
sac de plastique (de type ziploc), mélanger la semoule de maïs, la farine, le sel d'ail et le paprika. Y déposer les
calmars, fermer le sac et le secouer afin de bien enrober les calmars. Faire frire les calmars dans la friteuse jusqu'à
ce qu'ils soient bien dorés (environ 2 minutes). Arroser de jus de citron et servir avec la mayonnaise.

Bandabardo : Bondo bondo

SPAG À LA GRECQUE

LES NOTES POUR 4 PORTIONS

5 c. à soupe (75 ml) d'huile d'olive

2 gousses d'ail hachées grossièrement

1 petit oignon émincé finement

1 petit piment fort séché et écrasé (ou flocons de piments, au goût)

2 tasses (500 ml) de tomates cerise coupées en deux

Environ 250 à 300 g de fromage féta coupé en petits cubes (Il ne peut pas y en avoir trop!)

3 tasses (750 ml) de bébés épinards frais

Une vingtaine d'olives kalamata dénoyautées, coupées en deux

1 paquet de pâtes (cheveux d'ange ou spaghettini)

LA MUSIQUE

Faire bouillir une grande casserole d'eau salée pour les pâtes. Dans une poêle profonde (sauteuse), chauffer l'huile à feu moyen-élevé et y faire revenir l'ail, l'oignon et le piment fort jusqu'à ce que l'oignon soit translucide. Ajouter les tomates cerises et laisser cuire à feu doux pendant environ 5 minutes. Faire cuire les pâtes selon les instructions. Une fois les pâtes cuites, les ajouter aux tomates, en prenant soin d'ajouter une demi-tasse (125 ml) de l'eau de cuisson des pâtes. Ajouter le fromage féta, les bébés épinards et les olives. Mélanger rapidement et couvrir 2 minutes, pour faire tomber les épinards. Servir immédiatement.

 Gotan Project : La revancha del tango

« TOUJOURS MANGER SANTÉ ... ME REND MALADE ! »

Le Cuisinier rebelle

HUMUS ET BABA

HUMUS
LES NOTES

1 boite de pois chiches égouttée
1 c. à soupe (15 ml) de tahini
3 c. à soupe (45 ml) d'huile d'olive
3 c. à soupe (45 ml) de jus de citron
1 gousse d'ail écrasée
Sel et poivre au goût
Paprika pour la présentation

LA MUSIQUE

Au robot culinaire, mettre en purée tous les ingrédients sauf le paprika jusqu'à consistance lisse. Servir dans une assiette et garnir d'un filet d'huile d'olive et saupoudrer de paprika. Accompagner de pain pita. Servir tiède.

PURÉE MÉDITERRANÉENNE
LES NOTES

2 grosses aubergines
2 c. à soupe (30 ml) d'huile d'olive
Le jus de 1 citron
1 gousse d'ail écrasée
¼ tasse (65 ml) de noix de pin (pignons)
1/3 tasse (85 ml) de fromage parmesan râpé
Sel et poivre

LA MUSIQUE

Préchauffer le four à 375 °F (190 °C).
Piquer les aubergines à la fourchette et les déposer sur une plaque à cuisson. Cuire au four environ une heure ou jusqu'à ce que la chair soit tendre. Laisser refroidir un peu. Couper les aubergines sur la longueur et en retirer la chair. Au besoin, égoutter la chair afin d'en retirer le surplus de liquide. Mettre l'aubergine, l'huile d'olive, le jus de citron, l'ail, les noix de pin et le parmesan dans le robot culinaire. Réduire en purée lisse et assaisonner au goût. Décorer de noix de pin entières. Servir tiède, accompagné de pain pita ou de crudités.

Le Humus

Astuce! N° 12

Ajoutez-y du curcuma, du paprika
et du cumin, vous obtiendrez
une couleur et un goût endiablés!

Baba ganoush!

SUPPLÌ-MOI!

RISOTTO À LA MILANAISE
LES NOTES

1 c. à thé (5 ml) de safran
½ tasse (125 ml) de vin blanc
4 c. à soupe (60 ml) de beurre
1 oignon haché finement
1 lb (454 g) de riz Arborio
4 tasses (1 litre) de bouillon de poulet
150 g de fromage parmesan râpé

LA MUSIQUE

Dans un petit bol, laisser tremper le safran dans le vin pendant 30 minutes. Dans une casserole, faire fondre le beurre et ajouter les oignons. Cuire les oignons jusqu'à ce qu'ils soient transparents puis ajouter le riz, le vin blanc avec le safran et remuer jusqu'à ce que le riz ait absorbé tout le liquide. Ajouter ensuite le bouillon de poulet une louche à la fois en laissant le riz absorber le liquide entre chaque ajout de bouillon. Quand tout le liquide est absorbé et le riz est cuit, incorporer le parmesan et mélanger.

SUPPLÌ
LES NOTES POUR 4 PORTIONS

Risotto à la milanaise refroidi
100 g de mozzarella coupée en dés
100 g de prosciutto
Quelques feuilles de basilic frais
1 tasse (250 ml) de chapelure

LA MUSIQUE

Préchauffer la friteuse à 375 °F (190 °C).
À la main, former des boules de risotto d'environ 2 po (5 cm) de diamètre. À l'intérieur de chacune des boules, insérer un petit cube de mozzarella préalablement enveloppé dans du proscuitto et une petite feuille de basilic. Rouler les boules dans la chapelure puis les faire frire jusqu'à ce quelles soient bien dorées (quelques minutes). Servir les supplì pour le lunch accompagnés d'une salade verte ou en entrée.

Suppli-mat!

!italie!

LA polenta !

POLENTA À LA CAPONATA

LES NOTES

Pour la caponata :
1 aubergine coupée en dés
2 courgettes coupées en dés
1 poivron rouge coupé en dés
1 oignon rouge coupé en dés
2 c. à soupe (30 ml) de câpres
¼ tasse (65 ml) de vinaigre balsamique
¼ tasse (65 ml) d'huile d'olive
1 c. à thé (5 ml) de sambal oelek (au goût)
Sel et poivre

2 tasses (500 ml) de sauce arrabiatta (voir Pennes en colère page 70)
Un paquet (rouleau) de polenta cuite
½ tasse (125 ml) de parmesan râpé
½ tasse (125 ml) à 1 tasse (250 ml) d'huile d'olive (suffisamment pour recouvrir la poêle de 1 cm d'huile)
Feuilles de basilic pour présentation (facultatif)

LA MUSIQUE

Préchauffer le four à 375 °F (190 °C).
Dans un grand bol, mélanger les légumes, le vinaigre balsamique, l'huile et le sambal oelek. Saler et poivrer. Déposer sur une plaque tapissée de papier parchemin et faire cuire au four pendant environ 50 minutes, en remuant à quelques reprises, jusqu'à ce que les légumes soient un peu caramélisés. Réserver. Faire chauffer la sauce arrabiatta au micro-ondes. Réserver. Couper la polenta en tranches de 1 cm. Enrober les tranches de parmesan râpé. Faire frire la polenta dans l'huile d'olive, dans une poêle profonde, jusqu'à ce que les deux côtés soient dorés. Pour servir, déposer trois tranches de polenta frite dans une assiette. Arroser de ½ tasse de sauce arrabiatta (125 ml) et terminer en déposant environ ½ tasse de caponata au centre. Décorer de feuilles de basilic, si désiré. Vous pouvez aussi servir la caponata, seule, sur des pâtes, c'est délicieux !

Paco de Lucia, Al di Meola, John Mclaughlin : Friday night in san francisco

TON THON TARTARE

LES NOTES

12 oz (340 g) de thon rouge de qualité sushi

½ c. à thé (2,5 ml) d'huile de sésame

1 c. à soupe (15 ml) d'huile de tournesol (ou d'huile végétale)

1 c. à thé (5 ml) de vinaigre de riz

1 c. à thé (5 ml) de gingembre à sushi (mariné), haché finement

2 avocats

½ c. thé (2,5 ml) de pâte de wasabi

1 c. à soupe (30 ml) de jus de lime

Sel et poivre

Graines de sésame grillées

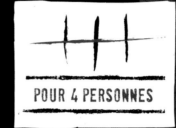

POUR 4 PERSONNES

LA MUSIQUE

Hacher finement le thon en cubes de 2 mm par 2 mm. Mettre le thon dans un bol et ajouter l'huile d'olive, l'huile de tournesol, le vinaigre de riz et le gingembre. Mélanger et réserver. Dans un autre bol, mettre les avocats en purée et y ajouter le jus de lime, la pâte de wasabi, le sel et le poivre au goût.

Astuce : pour le service, je dépose dans une assiette le quart de la purée d'avocat et j'ajoute par-dessus le quart du tartare de thon (je répète pour les autres portions). Finalement, je saupoudre de graines de sésame grillées et je me prépare à recevoir les compliments de mes invités...

ÉCHINE AUX CHILIS

4 steaks d'échine de porc de ¾ pouce (2 cm) d'épaisseur

Pour la marinade :
¾ tasse (190 ml) d'huile d'olive classique (ou légère)
8 à 10 gousses d'ail écrasées
2 c. à soupe (30 ml) de piment chili broyé
2 c. à soupe (30 ml) de sel

LA MUSIQUE

Combiner les ingrédients de la marinade et faire mariner le porc pendant 4 heures ou toute la nuit.

Préchauffer le barbecue à 400 °F (200 °C).
Faire saisir les steaks d'échine et baisser le feu légèrement (pour ne pas que l'huile de la marinade prenne en feu). Laisser cuire d'un seul côté pendant environ 6 à 8 minutes (pour obtenir une belle coloration), puis retourner et cuire de nouveau pendant 4 à 5 minutes.

Servir avec une salade verte bien croquante.

Polo : Bienvenue dans l'univers

7PM / 12AM

PROFITEROLES À LA TOBLERONE

LES NOTES POUR 16 BOUCHÉES

6 c. à soupe (90 ml) de lait
5 c. à soupe (75 ml) d'eau
2 oz (50 g) de beurre ramolli au micro-ondes
2/3 de tasse (170 ml) de farine tout usage
2 gros œufs

½ tasse (125 ml) de crème glacée à la vanille (ou au choix) de qualité
200 g de chocolat Toblerone
¼ de tasse (65 ml) de beurre
¼ de tasse (65 ml) de crème 35%

LA MUSIQUE

Préchauffer le four à 375 °F (190 °C).
Tapisser une plaque à cuisson (plaque à biscuits) d'un papier parchemin ou utiliser une feuille de silicone (type silpat). Pour la pâte à chou : dans une casserole, verser le lait, l'eau et le beurre et porter à ébullition à feu moyen. Retirer la casserole du feu et ajouter la farine en une seule fois. Mélanger vigoureusement et remettre sur le feu en remuant constamment, jusqu'à ce que la pâte se décolle des côtés et du fond de la casserole. Retirer du feu et laisser tiédir. Ajouter les œufs un à la fois en mélangeant entre chaque addition. Mettre la pâte dans une poche à douille (ou un gros sac ziploc, dont vous couperez un des coins) et déposer 16 boules de pâte de la taille d'une noix sur la plaque à cuisson. Mettre au four pendant environ 15 minutes ou jusqu'à ce que les choux soient gonflés et dorés. Laisser refroidir, idéalement sur une grille.

Dans une petite casserole, faire fondre le chocolat, le beurre et la crème à feu doux. Réserver.

Astuce : au moment de servir, je coupe les choux en deux et je les garnis d'une petite boule de crème glacée à la vanille. Il suffit ensuite de les disposer dans les assiettes de service et de les arroser généreusement de sauce au chocolat. Je défie quiconque de ne manger qu'une seule bouchée de ce délice !

Thomas Dutronc : Comme un manouche sans guitare

TARTIFLETTE D'OLGA

LES NOTES POUR 4 PORTIONS GÉNÉREUSES

4 grosses pommes de terre pelées, coupées en tranches d'environ 1cm
1 tasse (250 ml) de lardons coupés en petits cubes
1 gros oignon coupé en tranches
1½ tasse (375 ml) de vin blanc sec
2 c. soupe (30 ml) de crème 35%
1 fromage reblochon coupé en 2 sur la longueur
Sel et poivre

LA MUSIQUE

Préchauffer le four à 350° F (175°C).
Faire bouillir les pommes de terre jusqu'à ce qu'elles soient cuites. Attention de ne pas trop les cuire pour ne pas qu'elles se brisent ou s'écrasent en purée. Réserver. Dans une poêle, faire revenir les lardons jusqu'à ce qu'ils soient dorés, ajouter les oignons et cuire jusqu'à ce qu'ils soient transparents. Ajouter le vin blanc et les pommes de terre. Laisser réduire sans remuer pour ne pas briser les pommes de terre. Quand le liquide est absorbé, saler et poivrer au goût. Déposer le mélange de pommes de terre dans un plat à gratin allant au four. Ajouter la crème et recouvrir du reblochon, croûte vers le haut. Mettre au four environ 25 minutes, jusqu'à ce que le fromage soit coulant et légèrement doré. Pour une version extra-cochonne, faire rôtir les pommes de terre à la poêle dans du beurre jusqu'à ce qu'elles soient dorées, avant de les ajouter au mélange d'oignons et de vin.

Servir avec une salade verte ... ha ha ha !

CONSTITUE UNE EXCELLENTE SOURCE DE PRODUITS LAITIERS !

POISSON DANS L'COCHON

LES NOTES POUR 3 PORTIONS

1 filet de porc
1 filet de truite sans la peau
2 échalotes hachées finement
1 c. à thé (5 ml) de graines de fenouil
1 c. à thé (5 ml) d'aneth (séché ou frais)
1 c. à soupe (15 ml) de jus de citron
1 c. à soupe (15 ml) d'huile d'olive
Sel et poivre
1 bulbe de fenouil émincé en tranches de ½ cm
2 oz de pastis (60 ml)
1/3 tasse (85 ml) de bouillon de poulet

LA MUSIQUE

Préchauffer le four à 375 °F (190 °C).

Ouvrir d'abord le filet de porc en deux, sans le couper complètement. L'aplatir finement à l'aide d'un marteau à viande (ou d'un rouleau à pâte). Sur le porc, étaler uniformément le quart des échalotes, les graines de fenouil et l'aneth. Couper le filet de truite sur la longueur afin d'obtenir deux languettes à disposer au centre du filet de porc, dans le sens de la longueur. Arroser le poisson de jus de citron et d'un filet d'huile d'olive et ajuster l'assaisonnement. Ficeler le filet de porc à l'aide d'une corde de boucher.

Astuce : déposez le porc entre deux pellicules de plastique avant de l'aplatir et assommez-le ensuite allégrement !

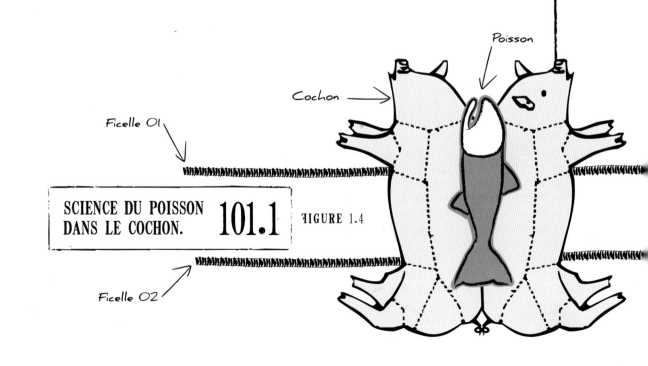

Poisson

Cochon

Ficelle 01

SCIENCE DU POISSON DANS LE COCHON. **101.1** FIGURE 1.4

Ficelle 02

FIGURE 1.4

Dobacaracol : Soley

POULET PIQUANT

LES NOTES POUR 4 PORTIONS

8 pilons de poulet avec la peau

12 ailes de poulet

1 c. à soupe (15 ml) de sel d'ail

1 c. à soupe (15 ml) d'assaisonnement à volaille

1 c. à soupe (15 ml) de paprika

3 c. à soupe (45 ml) de sauce portugaise piri-piri

3 c. à soupe (45 ml) de pâte de piments forts portugaise

2 c. à soupe (30 ml) d'huile d'olive

1 gousse d'ail écrasée

L'arme du crime !?

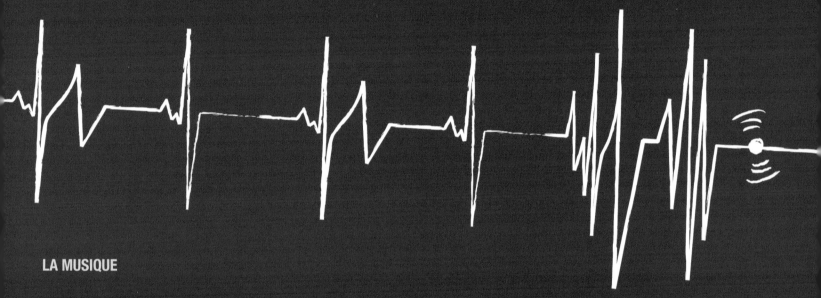

LA MUSIQUE

Préchauffer le four à 400 °F (200 °C).

Dans un grand bol, mélanger les pilons et les ailes de poulet avec le sel d'ail, l'assaisonnement à poulet et le paprika. Faire cuire le poulet sur une plaque à biscuits au four pendant 45 minutes. Retourner le poulet après 30 minutes. Retirer les ailes de poulet et poursuivre la cuisson des pilons un autre 15 minutes. Pour une version moins grasse, faire cuire le poulet sur une grille déposée sur une plaque.

Préchauffer le barbecue à 400 °F (200 °C).

Dans un petit bol, mélanger la sauce piri-piri, la pâte de piment, l'huile d'olive et l'ail. Badigeonner le poulet de cette sauce et faire cuire 20 minutes en retournant à mi-cuisson.

Astuce : cette version est TRÈS piquante ! Pour une version moins piquante, diminuer simplement la quantité de sauce piri-piri. Vous trouverez la sauce portugaise, en version forte et douce, à l'épicerie portugaise Benfeito. Vous y trouverez aussi la sauce piri-piri. Servir avec une bonne bière froide !

Jimi Hendrix : Axis ; Bold as love

VEAU ACIDE CITRIQUE

LES NOTES POUR 4 PORTIONS

4 grandes escalopes de veau
Sel poivre
1 c. à soupe (15 ml) d'huile d'olive
2 c. à soupe (30 ml) de beurre
½ tasse (125 ml) de vin blanc
1 tasse (250 ml) de bouillon de poulet
2 c. à soupe (30 ml) de câpres
2 c. à soupe (30 ml) de jus de citron
Persil haché pour le service

LA MUSIQUE

Saler et poivrer les escalopes et les faire revenir dans l'huile et le beurre, à feu élevé. Une minute par côté devrait suffire. Réserver. Dans la même poêle, faire réduire le vin blanc jusqu'à ce qu'il reste 2-3 c. à soupe (entre 30 ml et 45 ml). Ajouter le bouillon de poulet et laisser réduire de moitié. Ajouter 1½ c. à soupe de câpres hachées et le reste des câpres entières et le jus de citron. Remettre les escalopes dans la sauce pour les réchauffer, environ une minute. Ajuster l'assaisonnement au besoin. Servir décoré de persil haché.

Porc à la créole

LES NOTES POUR 4 PORTIONS

1 filet de porc
2 c. à thé (10 ml) de poivre citronné
Sel
2 c. à soupe (30 ml) huile d'olive
2 c. à soupe (30 ml) jus de citron
1 c. à soupe (15 ml) de sauce Worcestershire
1 c. à soupe (15 ml) de moutarde de Dijon
1 c. à soupe (30 ml) d'échalote hachée
1 c. à thé (5 ml) de sambal oelek

LA MUSIQUE

Couper le filet de porc en tranches de 1 pouce (2,5 cm) et saupoudrer de poivre citronné et de sel. Dans une poêle à feu moyen, faire dorer les morceaux de porc 3 à 4 minutes dans l'huile d'olive. Retirer de la poêle et réserver. Dans la même poêle, mettre le jus de citron, la sauce Worcestershire, la moutarde et le sambal oelek et laisser réchauffer 2 à 3 minutes. Mettre l'échalote dans la sauce, disposer les morceaux de porc dans une assiette de service et arroser de la sauce. Servir accompagné de légumes au choix.

Amadou & Mariam : Welcome to mali

CRAPAUDINE PAPRIKA LIME

Marinade :
½ (125 ml) tasse d'huile d'olive
3 c. à soupe (45 ml) de paprika
3 c. à soupe (45 ml) de poudre de chili (ou de sambal oelek)
3 c. à soupe de sel (45 ml)

Le poulet :
1 poulet de grosseur moyenne
5 limes, coupées en quartiers
8 pommes de terre grelots, coupées en quartiers assez minces
Quelques morceaux de pancetta, roulés (facultatif)

LA MUSIQUE

2 h avant d'avoir faim...
Mélanger tous les ingrédients de la marinade. La consistance devrait être celle d'une pâte assez épaisse et si elle trop liquide, ajouter du paprika. Saler abondamment.

Couper le poulet le long de la colonne (à l'opposé des poitrines) à l'aide de ciseaux à viande ou d'un gros couteau. Avec les doigts, décoller la peau sur les poitrines, les cuisses et les ailes sans l'enlever complètement. Mettre la marinade entre la peau et la chair partout où c'est possible. Badigeonner le dessus du poulet avec le reste de la marinade. Laisser reposer au réfrigérateur 1 heure.

Préchauffer le four à 350 °F (175 °C)
Déposer le poulet, ouvert en crapaudine, directement sur les quartiers des 4 premières limes dans un creuset de bonne grandeur allant au four. Ajouter les grelots autour du poulet et arroser du jus des 4 autres limes. Pour les gourmands, ajouter des morceaux de pancetta roulés entre les pommes de terre.

Cuire 45 minutes et vérifier la cuisson. Cuire 15 minutes de plus si nécessaire (selon la grosseur du poulet). Il faut que les cuisses du poulet se détachent aisément et que les pommes de terre soient bien dorées. Aussi, assurez-vous de couper ces dernières minces...

Astuce : essayez les limes séchées pour mettre sous le poulet, elles donnent encore plus de goût.

STEAK DE FLANC
AU CALVADOS

Antoine Sicotte

CARNÍVORO
MEATLOVER
CARNIVORE
肉食動物

POUR 4 PERSONNES

LES NOTES POUR 4 PORTIONS

Marinade :
Un steak de flanc de bœuf de 1 ½ lb (680 g) ou 2 lb (910 g)
4 c. à soupe (60 ml) d'huile d'olive
3 c. à soupe (45 ml) de moutarde de Dijon
1 c. à thé (5 ml) d'herbes de Provence

Sauce :
3 oz. (100 ml) de calvados (ou autre alcool au goût)
2 c. à soupe (30 ml) de sauce Worcestershire
1 gousse d'ail écrasée
1 c. à soupe (15 ml) de moutarde de Dijon
¾ de tasse (190 ml) de crème 35%
Sel et poivre au goût

LA MUSIQUE

La veille, déposer la viande dans un plat à mariner ou encore un sac plastique (type ziploc). Ajouter 3 c. à soupe (45 ml) d'huile d'olive, la moutarde et les herbes de Provence. Bien mélanger. Mettre la viande au réfrigérateur à mariner jusqu'au lendemain. Pour cuire la viande : préchauffer le four à 200° F (90° C). Nettoyer la viande de sa marinade avec une fourchette. À l'aide d'un couteau, quadriller la surface de la viande des deux côtés. Huiler la viande avec 1 c. à soupe (15 ml) d'huile d'olive. Chauffer une poêle à feu maximum et saisir la viande des deux côtés. Déposer la viande dans une lèchefrite et cuire au four jusqu'à ce qu'elle atteigne 137° F (58° C) en son centre. Retirer du four et laisser-la reposer emballée dans un papier d'aluminium pendant 10 minutes. Entre temps, dans la poêle où la viande a été saisie, déglacer la poêle chaude au calvados, en prenant soin de bien détacher tous les sucs collés au fond. Laisse réduire jusqu'à ce qu'il reste environ le tiers du liquide. Ajouter la sauce Worcestershire, l'ail, la moutarde et la crème et porter à ébullition. Baisser le feu et laisser mijoter 3 minutes. Saler et poivrer. Couper la viande en fines lanières de 1/4 de pouce (0,5 cm) et les servir accompagnées de légumes grillés ou d'une salade.

Astuce : vous pouvez ajouter le jus de cuisson accumulé dans la lèchefrite à la sauce.

Daniel Lanois : Shine

«MON ANIMAL PRÉFÉRÉ,
C'EST LE STEAK.»
Fran Lebowitz

666

EXPLOSION DE SAVEUR DIABOLIQUEMENT HUUMMM !

LES NOTES POUR 2 PORTIONS

2 c. à soupe (30 ml) d'oignons hachés

1 gousse d'ail émincée

2 c. à soupe (30 ml) de beurre

2 c. à soupe (30 ml) de farine

1 c. à thé (5 ml) sel

1 pincée de poivre de cayenne

Une pincée de paprika

Une pincée de poivre

1 c. à soupe (15 ml) de jus de citron

1 c. à soupe (15 ml) de persil haché

La chair de 2 homards cuits (sauf celle des pinces)

1 tasse (250 ml) de lait

1/4 tasse (64 ml) de chapelure

1 c. à soupe (15 ml) d'huile d'olive

LA MUSIQUE

Dans une poêle profonde, faire sauter les oignons et l'ail dans le beurre à feu moyen. Ajouter la farine, le sel, le cayenne, le poivre, le paprika, le jus de citron et le persil. Bien mélanger. Ajouter ensuite le lait et remuer jusqu'à ce que le mélange épaississe.

Incorporer la chair de homard.

Astuce : pour servir, je remplis les carapaces coupées en deux avec le mélange, je saupoudre de chapelure et d'un filet huile d'olives et je mets sous le gril du four jusqu'à ce que la chapelure soit dorée. Je sers avec les pinces.

HOMARDS *diaboliques*

MAKI ITALIEN

LES NOTES POUR 4 PORTIONS

Sauce :

1 boîte de tomates italiennes entières ou en dés

3 gousses d'ail hachées finement

1 petit piment fort séché écrasé

2 c. à soupe (30 ml) d'huile d'olive

Sel et poivre

Roulés de poulet :

4 escalopes de poitrine de poulet

8 tranches de prosciutto

16 asperges blanchies (cuites à la vapeur légèrement)

8 tranches de mozzarella (au goût)

3 c. à soupe (45 ml) de Marsala (ou de vin blanc)

¼ tasse (60 ml) de bouillon de poulet

2 c. à soupe (30 ml) d'huile d'olive

LA MUSIQUE

Pour la sauce tomate : faire revenir l'ail haché et les flocons de piment séché dans l'huile d'olive jusqu'à ce que l'ail soit légèrement doré. Ajouter les tomates et les écraser à la cuillère. Faire réduire de moitié. Saler et poivrer. Réserver. Pour les roulés : étendre les escalopes de poulet et les attendrir avec un marteau à viande. Sur chacune des escalopes, disposer 2 tranches de prosciutto, 4 asperges (en faisant sortir deux pointes de chaque côté), et deux tranches de mozzarella. Rouler l'escalope et la ficeler (ou la fixer avec des cure-dent). Dans une poêle, faire chauffer l'huile d'olive à feu élevé et faire dorer les roulés de tous les côtés. Baisser le feu et continuer la cuisson jusqu'à ce que le poulet perde sa teinte rosée. Réserver. Dans la même poêle, déglacer avec le Marsala et faire réduire de moitié. Ajouter le bouillon de poulet et faire réduire de moitié à nouveau. Présentation : trancher les roulés en 6 et disposer les roulés coupés sur un fond de sauce tomate. Arroser de la sauce au Marsala.

Astuce : vous pouvez faire la sauce aux tomates jusqu'à 2 jours à l'avance et la conserver au frigo.

Boucherie Les Epicurieux

PAUPIETTES DES ÉPICURIEUX

LES NOTES POUR 4 PORTIONS

4 échalotes françaises, émincées
15 g de craterelles (ou de champignons sauvages de saison)
1 c. à soupe (15 ml) de gras de canard (ou d'huile végétale)
¼ tasse (60 ml) de vin blanc
Un peu de poivre
Une pincée de muscade
4 c. à soupe (60 ml) de persil frais, haché
1 lb (454 g) de porc haché
4 escalopes de cerf (ou d'une viande rouge au choix), bien aplaties
4 bandes de lard (ou 4 tranches minces et larges de carotte)
2 échalotes françaises, émincées
15 g de morilles (ou de champignons sauvages de saison)
Sel et poivre
¼ tasse de crème 35 % (facultatif)

LA MUSIQUE

Préchauffer le four à 350 °F (180 °C)
Dans une poêle, sauter les échalotes et les craterelles dans le gras de canard à feu moyen-élevé. Lorsque les échalotes sont bien tombées, déglacer la poêle au vin blanc. Ajouter le poivre, la muscade et le persil et laisser mijoter quelques minutes pour laisser réduire le vin. Dans un bol, incorporer le porc cru et le contenu de la poêle et bien mélanger. Former quatre boulettes de dimensions égales. Étendre les escalopes à plat et disposer chacune des boulettes de porc au centre. Replier pour former des paupiettes, les entourer de lard (ou de carotte) et bien ficeler. Faire saisir les paupiettes dans la même poêle chauffée à feu vif sur tous les côtés. Enfourner pour environ 40 minutes ou jusque le porc à l'intérieur soit cuit. Pour la sauce, faire sauter les 2 autres échalotes dans un peu d'huile ou de gras de canard. Lorsqu'elles sont tombées, ajouter les morilles, réhydratées au préalable pendant 15 minutes dans ½ tasse (125 ml) d'eau froide. Ajouter aussi l'eau de trempage. Laisser réduire jusqu'à consistance désirée et ajuster l'assaisonnement. Servir les paupiettes recouvertes de la sauce avec l'accompagnement de votre choix.

Astuce : avant de laisser réduire la sauce, mon boucher Mario ajoute ¼ tasse de crème 35 %, un pur plaisir coupable !

Bebo & Cigala : Lagrimas negras

PÂTES NOIRES AU BLEU

LES NOTES POUR 4 PORTIONS

½ tasse (125 ml) de bouillon de poulet
½ tasse (125 ml) de crème 35%
4 oz (120 g) de fromage bleu Bénédictin
4 oz (120 g) de fromage à la crème
1 c. thé (5 ml) de poivre moulu
½ tasse (125 ml) de noix de pin (pignons) rôties
1 poivron rouge haché finement, pour la présentation
1 lb (454 g) de pâtes noires à l'encre de seiche ← *c'est quoi ?*

LA SEICHE
Certains pensent qu'elle est la blonde du calamar ... Son encre est utilisée pour son goût subtil et ses pigments intenses.

LA MUSIQUE

Dans une poêle, faire réduire de moitié le bouillon de poulet à feu élevé. Baisser à feu moyen. Incorporer le fromage à la crème, le fromage bleu, le poivre et remuer jusqu'à ce que le fromage soit fondu. Faire cuire les pâtes dans une grande quantité d'eau salée. Mélanger les pâtes à la sauce et y ajouter les noix de pin (en en gardant pour la présentation). Servir en décorant du reste des noix de pin et des poivrons rouges.

Astuce : pour griller les noix de pin, je les fais rôtir à sec dans une poêle jusqu'à ce qu'elles soient dorées. Surveillez-les bien !

Miles Davis : "Kind of blue"

Vins aux verres

BLANCS

Casa de Mouraz '04	5.75
Jacob's Creek '07 Chardonnay	6.00
Alisote Tres Temperada '07	7.50
Riesling Réserve '07	8.00
Pinot Grigio '07, Venetie	8.25
Muscadet Sevre et Maine Sur lie 2008 Perriad	8.50
Sauvignon Blanc '08 Kim Crawford NZ	8.50
Chardonnay Sterling '06	9.00
Riesling Fallen Angel NZ	11.00
Bourgogne Magnus '06 Mac Macon 2008	11.25
Sancerre Elégance '07	11.75
Chablis '06, J.P.A Ellevin	12.00

ROUGES

Cuspide 2006, Espagne	6.50
Jacob's Creek 2006 Shiraz cabernet	7.00
Merlot 2005 Sterling	8.25
Cab. Sauvignon "Chocolat"	8.25
Malbec "Punto Final" '06	8.50
Pinot Noir Brancott, Nouvelle Zélande 2007	8.75
Côtes du Rhône '04 Guigal	9.00
Zinfandel, Tamas Estate	9.25
1ères Côtes de Blaye '05 ch Frédignac	9.25
Madiran 05 Paradilys	9.50
Brouilly 2006, P.A Dumas	10.00

CHIVAS

RAGOÛT DES CHAMPS (porc)

Mala Rodriguez : Lujo iberico ....

LES NOTES POUR 4 PORTIONS

1 filet de porc

4 saucisses (italiennes douces ou piquantes ou de Toulouse)

3 c. à soupe (45 ml) d'huile d'olive

2 gros oignons hachés

3 gousses d'ail hachées

1 tasse (250 ml) de vin blanc

1 tasse (250 ml) de bouillon de poulet

8 tomates italiennes fraîches (roma) coupées en dés

2 feuilles de laurier

5 feuilles de sauge fraîche hachées

3 c. à soupe (45 ml) de persil

LA MUSIQUE

Saler et poivrer le filet de porc. Dans une casserole profonde (ou un creuset), le faire dorer dans l'huile, à feu élevé. Retirer et réserver. Ajouter 2 à c. soupe d'huile (30 ml) à la casserole et y faire revenir les oignons et l'ail à feu moyen pendant 3 minutes. Ajouter le vin blanc et les saucisses entières et faire mijoter jusqu'à ce qu'il reste environ 4 c. à soupe (60 ml) de liquide. Ajouter les tomates, le bouillon de poulet, les feuilles de laurier, la sauge et faire mijoter une dizaine de minutes à feu moyen. Ajouter le filet de porc et faire mijoter le tout environ 20 minutes ou jusqu'à ce que le porc soit légèrement rosé au centre. Avant de servir, retirer le filet de porc et les saucisses et les couper en tranches d'environ 1 pouce (2,5 cm). Dresser la viande dans une assiette profonde et y verser la sauce. Servir avec des petits haricots verts sautés au beurre et à l'ail.

Astuce : Pour faire saisir la viande, faire chauffer la casserole à sec et y déposer le filet de porc huilé et assaisonné.

CARRÉ D'AGNEAU EN CROÛTE D'HERBES

LES NOTES POUR 4 PORTIONS

4 c. à soupe (60 ml) de chapelure

3 c. à soupe (45 ml) de thym frais haché

3 c. à soupe (45 ml) de romarin frais haché

2 c. à soupe (30 ml) de ciboulette fraiche ciselée finement

2 gousses d'ail hachées finement

7 c. à soupe (105 ml) d'huile d'olive

1 c. à thé (5 ml) de piment d'Espelette

Une pincée de sel

4 carrés d'agneau

LA MUSIQUE

Préchauffer le four à 375 °F (190 °C).

Dans un bol mélanger, tous les ingrédients sauf les carrés d'agneau. Réserver. Saler et poivrer les carrés et les saisir dans une poêle pendant 2 à 3 minutes à feu élevé. Retirer de la poêle. Étendre le mélange d'herbes sur les carrés et les cuire au four pendant environ 15 à 20 minutes. Pour le service, couper les carrés d'agneau en tranches, entre les os. Servir accompagné des pommes de terre au romarin et de légumes de saison.

Astuce : je suggère fortement de vérifier la cuisson avec un thermomètre à viande pour une cuisson rosée ou encore saignante. Grrrrr !

CONSTITUE UNE EXCELLENTE SOURCE D'AGNEAU !

Melendi : Aun mas curiosa la cara de tu padre

FUNKY CHORIZO

LES NOTES

½ lb (225 g) de chorizo coupé en tranches de 1 cm d'épaisseur
4 grosses tranches de pain de campagne vieux de 2 jours, coupées en cubes
3 c. soupe (45 ml) d'huile d'olive
1/3 lb (150g) d'olives vertes entières dans l'huile (pas des petites olives fourrées)
3 gousses d'ail hachées grossièrement
2 c. à thé (10 ml) de persil
Paprika au goût

LA MUSIQUE

Dans une poêle, faire chauffer l'huile d'olive et y ajouter l'ail et les cubes de pain. Cuire jusqu'à ce que le pain soit doré. Ajouter les trancges de chorizo et les olives et faire revenir pendant environ 2 minutes.

Astuce : je sers ce délice tout simple en entrée, saupoudré de paprika et de persil haché.

TAJINE DU MAGHREB
AUX PRUNEAUX

LES NOTES POUR 6 PORTIONS

2,2 lb (1 kg) de cubes d'épaule d'agneau

2 oignons hachés

3 gousses d'ail écrasées

3 c. à soupe (45 ml) d'huile d'olive

1 c. à thé (5 ml) de gingembre en poudre

1 c. à thé (5 ml) de cumin

1 c. à thé (5 ml) de paprika

1 c. à thé (5 ml) de curcuma

Poivre au goût

1 boîte de tomates de 796 ml (28 oz)

2 bâtons de cannelle

2 c. à soupe (30 ml) de miel

1 lb (454 g) de pruneaux séchés

1 tasse (250 ml) d'amandes mondées grillées

Feuilles de menthe et de coriandre pour le service

POUR 6 PERSONNES

LA MUSIQUE

Faire tremper les pruneaux dans un bol d'eau pendant 6 heures afin de les réhydrater. Dans un autre bol, déposer les cubes d'agneau, les oignons, l'huile d'olive, le gingembre, le cumin, le paprika, le curcuma et bien poivrer. Couvrir et laisser mariner pendant un minimum 2 heures. Dans une casserole profonde, faire revenir l'agneau dans un peu d'huile jusqu'à ce que tous les cubes soient dorés. Ajouter la marinade restante à l'agneau, les tomates et les bâtons de cannelle et faire mijoter, à couvert, pendant 1½ heure. Entre-temps, dans une petite casserole, faire chauffer les pruneaux égouttés avec le miel et juste assez d'eau pour recouvrir le mélange. Laisser frémir pendant 10 minutes. Environ 10 minutes avant la fin de la cuisson de l'agneau, ajouter les pruneaux et leur jus au chaudron et poursuivre la cuisson. Saler au goût.

Astuce : au moment de servir le plat accompagné de semoule, je décore avec de la menthe, de la coriandre hachée et des amandes grillées.

 .... *Souad Massi : Deb*

Astuce! 007

Thé à la menthe marocain

Pour un thé vert à la menthe parfait : mettre un peu d'eau bouillante sur une petite quantité de thé et laisser reposer une minute puis jeter l'eau (pour enlever l'amertume). Ajouter le reste de l'eau bouillante et des feuilles de menthe en s'assurant qu'elles soient complètement recouvertes d'eau (si elles sont en contact avec l'air, elles auront un subtil goût amer - ce que les Marocains appellent le "thé brûlé"). Ajouter le sucre sur le dessus.

GRELOTS PASSE-PARTOUT

LES NOTES POUR ACCOMPAGNER 6 PLATS

2 bulbes d'ail entiers
Environ 1 ½ lb (680 g) de pommes de terre grelots coupées en deux
¼ de tasse (85 ml) d'huile d'olive
Sel et poivre
3 branches de romarin frais ou 1 grosse c. à soupe (15 ml) de romarin séché

LA MUSIQUE

Préchauffer le four à 400 °F (200 °C).
Avec un couteau, couper la tête des bulbes d'ail afin de découvrir le haut des gousses. Dans un bol, mélanger l'ail, les grelots, l'huile d'olive. À l'aide du dos d'un couteau, marteler les branches de romarin et les ajouter aux grelots. Bien mélanger afin de bien enrober les ingrédients d'huile. Saler et poivrer au goût. Mettre au four pendant 45 minutes ou jusqu'à ce que les grelots soient dorés. Retourner toutes les 15 minutes. Servir en accompagnement d'un plat de viande.

Cannellonis
CANNELLONIS D'AUBERGINE

LES NOTES POUR 4 PORTIONS

1 c. à soupe (15 ml) d'huile d'olive

4 gousses d'ail

4 échalotes françaises

1 ½ tasse (375 ml) de poivron rouge rôti et égoutté

½ tasse (125 ml) de bouillon de poulet

2 aubergines coupées sur la longueur en tranche ½ pouce (1,25 cm)

½ tasse (125 ml) de fromage de chèvre

4 olives de kalamata

1 c. à soupe (15 ml) de câpres hachées

2 c. à soupe de persil

Du fromage parmesan

Sel et poivre

LA MUSIQUE

Préchauffer le four à 400° F (200° C).

Chauffer l'huile dans une poêle à feu moyen. Faire revenir l'ail et les échalotes 1 min. Réduire la chaleur et faire dorer le tout pendant encore 3 min. Ajouter les poivrons et le bouillon. Poivrer et faire cuire 5 min. Laisser refroidir et broyer au robot pour obtenir une purée onctueuse. Sur une plaque, mettre les aubergines huilées et les faire cuire au four pour 15 min. Dans un bol, écraser le fromage, les câpres et les olives et une c. à soupe (15 ml) de persil. Mettre 1 c. à soupe du mélange au bout de chaque tranche d'aubergine et rouler. Faire cuire de nouveau 15 min. Déposer un fond de purée et placer un cannelloni. Saupoudrer de parmesan et de persil avec un filet d'huile d'olive. Saler et poivrer au goût.

Antoine Gratton : Le problème avec Antoine

SORBET JACK & COKE

2½ tasses (625 ml) de Coca-Cola dégazéifié
½ tasse (125 ml) de sucre
2½ oz (75 ml) de Jack Daniel (ou de rhum au goût)

Dans une petite casserole, faire chauffer l'alcool à feu moyen pendant 2 ou 3 minutes afin que l'alcool s'évapore. Ajouter le sucre et le coca-cola et chauffer jusqu'à ce que le sucre soit complètement dissout. Retirer du feu et mettre au réfrigérateur jusqu'à ce que le mélange soit complètement refroidi. Une fois le mélange bien froid, le mettre dans une sorbetière pendant 20 minutes et servir ou, pour une consistance plus ferme, mettre au congélateur jusqu'au moment de déguster.

TIRAMISU

LES NOTES

4 œufs, blancs et jaunes séparés

150 g de sucre

400 g de fromage mascarpone

200 g de biscuits doigts de dame

3/4 tasse (190 ml) de café espresso fort

3 c. soupe (45 ml) de liqueur de noisettes, de type Frangelico

Chocolat noir râpé

LA MUSIQUE

Sinclair : Supernova superstar ....

Dans un bol, monter les blancs d'œuf en neige jusqu'à ce qu'ils forment des pics fermes. Dans un autre bol, fouetter les jaunes d'œuf et le sucre jusqu'à ce que le mélange gonfle légèrement et qu'il soit d'une belle couleur jaune pâle. Dans le mélange des jaunes d'œuf, incorporer délicatement le fromage mascarpone et ensuite les blancs d'œuf en pliant. Dans un autre petit bol, mélanger le café et la liqueur de noisette. Pour monter le tiramisu, tremper rapidement les biscuits doigts de dame un par un dans le mélange de café et les déposer dans le fond d'un plat de service afin d'en recouvrir le fond. Étendre ensuite la moitié du mélange au mascarpone. Recouvrir d'un autre étage de doigts de dame trempés dans le café et finir par le reste du mélange au mascarpone. Laisser refroidir au frigo pendant au moins 4 heures.

Au moment de servir, saupoudrer de chocolat

Notes

Notes

Notes

INDEX DES RECETTES

ASPERGES SERRANO 89

BAKLAVAS À LA FLEUR D'ORANGER 26

BALUCHON STROGANOFF 40

BURGERS DE FOU 69

CALMARS FRITS AVEC MAYONNAISE, CORIANDRE ET LIME 94

CANNELLONIS AUBERGINE 159

CARRÉ D'AGNEAU EN CROÛTE D'HERBES 148

CRAPAUDINE PAPRIKA LIME 130

CYLINDRE SAUMON ET CAVIAR 37

DATTES AU BACON 45

ÉCHINE AUX CHILIS 110

FUNKY CHORIZO 151

GRELOTS PASSE-PARTOUT 156

GRILLETTES BIQUETTES 50

HAVANA BANANA 82

HOMARDS DIABOLIQUES 136

HUMUS ET BABA 100

« JAMAICAN » CÔNE 76

LES MEILLEURS MUFFINS AUX BANANES DU MONDE 30

LES PUTAINS DE PÂTES 54

LINGUINES BROCO-SAUCISSE 66

OMELETTE LILI 34

MAKI ITALIEN 138

PENNES EN COLÈRE 70

PÂTES NOIRES AU BLEU 144

PAUPIETTES DES ÉPICURIEUX 142

PINXO MANGO-CREVETTES 80

PIZZA TONINO 60

POISSON DANS L'COCHON 120

POLENTA À LA CAPONATA 106

PORC À LA CRÉOLE 126

POULET BBQ À LA G 92

POULET PIQUANT 122

POULET TIKKA 57

PROFITEROLES À LA TOBLERONE 116

QUESADILLAS DE LA MUERTE 86

RAGOÛT DES CHAMPS 147

RAP THAÏ REBELLE 63

SALADE COUSTEAU 48

SAUMON VERNI AU GINGEMBRE 72

SPAG À LA GRECQUE 96

STEAK DE FLANC AU CALVADOS 132

SORBET JACK&COKE 161

SUPPLÌ-MOI! 102

TAJINE DU MAGHREB AUX PRUNEAUX 154

TARTE AUX FROMAGES PERDUS 42

TARTIFLETTE D'OLGA 118

TIRAMISU 163

TON THON TARTARE 108

TOUR DE LÉGUMES GRILLÉS 79

VEAU ACIDE CITRIQUE 125

Remerciements

J'aimerais remercier celui grâce à qui tout ce beau projet a été rendu possible, mon éditeur Richard Trempe.

Merci à mes deux acolytes dans ce projet rebelle : Antoine Ross Trempe des Éditions Cardinal et Albert Ebilia, photographe et directeur artistique. Antoine, merci de ton soutien, de ta créativité, de ta compréhension dans l'adversité (!) et surtout merci pour ta plume. Albert, tu es un grand artiste, merci d'avoir partagé ta passion avec moi sans compter tes heures comme si ce livre était le tien.

Merci à mon père pour ses recettes et sa collaboration, mais surtout pour m'avoir transmis l'amour de la cuisine.

Merci à mon amoureuse, Joé, à qui je fais vivre mes émotions en montagnes russes et qui est toujours à mes côtés, depuis toutes ces années.

Merci aux amis et à la famille pour leurs commentaires et leurs suggestions pour la réalisation de ce beau projet.

Merci à Simon Laplante et à Maurice Holder de Chez Holder.

Merci à Mario, Pascal et Joanne de la boucherie Les Épicurieux. Merci aux gens du Café Italia, de la Boulagerie Marguerita, de l'épicerie Benfeito et de l'épicerie Milano.

J'espère que ce livre vous plaira !

Imprimé en Chine